स्त्री मेरे भीतर

स्त्री मेरे भीतर

पवन करण

राजकमल प्रकाशन

ISBN : 978-81-267-0939-7

मूल्य : ₹495

पहला संस्करण : 2004
चौथा संस्करण : 2025

प्रकाशक : राजकमल प्रकाशन प्रा.लि.
1-बी, नेताजी सुभाष मार्ग, दरियागंज
नई दिल्ली-110 002
शाखाएँ : अशोक राजपथ, साइंस कॉलेज के सामने, पटना-800 006
पहली मंजिल, दरबारी बिल्डिंग, महात्मा गांधी मार्ग, प्रयागराज-211 001
1, अनमोल सोराबजी सन्तुक लेन, धोबी तलाव, मरीन लाइंस, मुम्बई-400 002
वेबसाइट : www.rajkamalprakashan.com
ई-मेल : info@rajkamalprakashan.com

मुद्रक : बी. के. ऑफसेट
नवीन शाहदरा, दिल्ली-110 032

STRI MERE BHITAR
Pomes by Pawan Karan

प्यार में डूबी हुई माँ ने पहली बार हिन्दी कविता में प्रवेश पाया है

नयों में पवन करण मेरे प्रिय कवि हैं। वह उन कवियों में हैं जिनके माध्यम से हमारे समाज के दबे-कुचले वर्गों को उनका हमदर्द नहीं, उनका प्रतिनिधि नहीं, बल्कि उन्हीं में से निकला एक कवि मिला है, जो एक सहानुभूतिशील व्यक्ति की तरह उन्हें पीड़ित व्यक्तियों के समूह के रूप में नहीं, एक समूची शख्सियत की तरह, अपनी तरह, अपनों में से ही एक मानकर उन्हें देखता है। इतना ही नहीं ग्वालियर जैसे सामाजिक रूप से पिछड़े इलाके से आए इस कवि ने एक ऐसी अग्रगामी-संवेदनशील और एक अर्थ में क्रान्तिकारी सामाजिक दृष्टि पाई है, जो क्षमा कीजिए बहुत पढ़े-लिखे, महानगरीय और संवेदनशील कवियों के पास भी नहीं है वरना ऐसा नहीं होता कि 'प्यार में डूबी हुई माँ' जैसी कविता पवन करण ने लिखी होती। पवन करण के काव्यात्मक खजाने में ऐसी ढेरों कविताएँ हैं जिन पर आज तक किसी भी हिन्दी कवि ने लिखने का साहस न किया, न उनमें वह समझ, सहानुभूति और कल्पनाशक्ति दिखती है। उनकी कविता एक तरह से हमारे समाज का नया आख्यान है। इन कविताओं को सिर्फ कविता होने की वजह से ही नहीं, उनमें निहित गहरे और व्यापक सामाजिक आशयों के लिए भी पढ़ा जाना चाहिए। मुझे नहीं मालूम हिन्दी के किस कवि के पास 'दरअसल उसको समझना खुद को समझना है' जैसी कोई कविता है जिसमें से एक पुरुष अपनी पत्नी के उसके प्रेमी के साथ रँगे हाथों पकड़े जाने के बाद की स्थिति पर अपने मित्र के साथ विचार कर रहा है और दूसरा मित्र उससे

कह रहा है कि उस स्त्री को समझना दरअसल खुद को समझना भी है। यहाँ कोई नैतिक निर्णय नहीं है और अगर है तो उस औरत के पक्ष में ही है। ऐसी साहसिक दृष्टि उनकी कई कविताओं में है जिनमें बहन के प्रेमी के बारे में या एक खूबसूरत बेटी के पिता के बारे में जैसी कविताएँ भी हैं। 'पुरुष' शीर्षक कविता एक ऐसे पुरुष के बारे में है जो पिता नहीं बन सकता और उसकी पत्नी इस तथ्य को मानने को तैयार नहीं है और इसीलिए किसी बच्चे को गोद लेने को तैयार नहीं है और इसके कारण पुरुष के अन्दर जो तमाम तरह की उधेड़बुन मची रहती है वह कविता का विषय पहली बार बनी है। पवन ने दरअसल अपनी कविताओं के जरिए जो पुरुष और स्त्री विमर्श शुरू किया है, वह कई मायनों में मुझे अभी तक जारी स्त्री विमर्श में महत्त्वपूर्ण लगता है। नई उभरती स्त्री के सन्दर्भ में कोई नया पुरुष विमर्श तो अभी तक हिन्दी कविता में उभरा ही नहीं है। अगर इसे अत्योक्ति न समझा जाए तो पवन करण इसके पुरोधाओं में से हैं—अगर और कोई भी पुरोधा होने का दावेदार कहीं हो तो।

हो सकता है यह कोरा मेरा अज्ञान हो मगर मेरी जानकारी के अनुसार हिन्दी में प्यार में डूबी हुई माँ जैसी कविता पहले नहीं लिखी गई। आजकल निबन्धों की तरह नए विषय ढूँढ़कर उन पर कविता लिखने का चलन हमारे वरिष्ठ कवियों में बहुत बढ़ा है। इस तरह की कविताएँ अक्सर संवेदनशील ढंग से लिखे गए लघु निबन्ध या रिपोर्ट बनकर रह जाती हैं, कविता नहीं बन पातीं, मगर पवन करण का अनुभव और संवेदना एकदम ताजा है और उन्हें विषय की नवीनता दिखाने के प्रयास से लिए निबन्ध या रिपोर्टनुमा कविता लिखने पर उतर आने की जरूरत नहीं। इसलिए जब मैं कहता हूँ कि प्यार में डूबी हुई माँ जैसी कविता हिन्दी में पहले कभी नहीं लिखी गई तो मेरा आशय हिन्दी कविता को एक नया विषय देने का श्रेय पवन करण को देने का नहीं है (क्योंकि वह मेरी नजर में इतनी बड़ी बात नहीं है और कविता के नाम पर कुल मिलाकर कुलीगिरी है।) मैं दरअसल कहना यह चाहता हूँ कि उन्होंने खासकर इस कविता के रूप में हमें एक ऐसी संवेदना-दृष्टि दी है, जो हमारे पास इससे पहले नहीं थी।

एक औरत जो अपनी युवावस्था में अचानक विधवा हो गई हो, जिसने वर्षों उस अकेलेपन और निराशा में गुजारे हों, जिसमें दुनिया की हर खुशी में सिर्फ अपने व्यक्तिगत दुख की छाया ही नजर आती है, उसके जीवन में अचानक चुपके से कोई पुरुष आए (वह पुरुष विवाहित है या

अविवाहित, यह मायने नहीं रखता और बहुत उचित ही पवन ने इस बारे में कविता में मौन बरता है।) और उसके इस तरह आने का सिर्फ मौन स्वागत ही उसकी बेटी न करे, इस कारण अपने को केवल दुनिया की सबसे खुशनसीब लड़की ही न समझे, बल्कि इस वजह से बौराई-पगलाई-सी भी रहे और उसे अपनी प्रेम करती हुई माँ उसके स्कूल की ही कोई शरारती, चंचल और हँसमुख लड़की लगने लगे, इस तरह की बात इससे पहले कहने और समझने का साहस किसी कवि ने नहीं किया। स्त्रीवाद ने जाहिर है एक विधवा स्त्री के इस तरह के प्यार के लिए स्पेस को वैध बनाया है, इसे नैतिकता-अनैतिकता के दायरे से बाहर रखा है, मगर इसके बावजूद इस बात को संवेदना के स्तर पर इतने साहस के साथ स्वीकार करना, इसे एक खुशनसीबी की तरह मानना अभी तक हमें नहीं आया है, हमारी कुंठित सामाजिक दृष्टि हमारी संवेदनाशीलता को घेरे रही है, उसे कुचलती रही है। हिन्दी कवि सामान्यतः सामाजिक रूप से सबसे अग्रगामी दस्ते का सदस्य है। मगर फिर भी वे अभी तक इस मामले में संवेदनात्मक रूप से पिछड़े ही बने रहे हैं। उनके इस पिछड़ेपन को पवन करण ने जोरदार ढंग से झकझोर दिया है। यह जानना और भी दिलचस्प हो सकता है कि उन्हें इस तरह की अग्रगामी संवेदनशीलता के तन्तु कहाँ से मिले हैं।

लगभग एक क्रान्तिकारी विषय को पवन करण अपनी कविता में बहुत शान्त और संयत ढंग से उठाते हैं। इसमें कहीं क्रोध नहीं है, कहीं विकलता का गाजेबाजे के साथ चकाचौंध भरा प्रदर्शन नहीं है, बस व्यक्तिगत दुख की हल्की-सी छाया है, जिस पर वह खुशी अधिक हावी है, जो इस प्रेम प्रसंग के पनपने के कारण उस बेटी के मन में उमगी है, जो अपने को आजकल दुनिया की सबसे खुशनसीब लड़की मानती है और इसलिए मानती है क्योंकि उसकी माँ की दुनिया में बरसों बाद प्रेम की एक तीली जली, जो देखते ही देखते उस कमरे में सूरज की तरह फैल गई है, जिसकी एक दीवार पर फूलों से सजी उस प्रेम करती औरत के पति की तस्वीर भी टँगी है। जिस समाज में एक माँ भी अपनी युवा बेटी के प्रेम-प्रसंग के कारण आशंकाओं से दहल जाती हो, वहाँ पवन करण की कविता में बेटी अपनी माँ द्वारा (बेटी से भी) छुपकर-बचाकर किए जा रहे प्रेम रो आह्लादित है, बौराई हुई है और प्रेम करने के कारण इस (अधेड़) उम्र में माँ के बेहद खूबसूरत हो जाने का बखान अपने मृत पिता को सम्बोधित करते हुए कहती है (यानी संकेत में कहती है कि ऐसी विधवा माँ का प्रेम

करना उस पति के प्रति बेवफाई नहीं है, जिससे वह बहुत प्रेम करती थी और जिसकी याद में इतने बरस उसने सिर्फ अकेलेपन और उदासी में बिताए हैं।) यह अपने आप में दिलचस्प बात है।

यह बेटी खुश है क्योंकि वह इस बात की संवेदनशील गवाह रही है कि किस तरह माँ उसके पिता की याद में सारे रंगों को भूल चुकी थी, चटख रंग को देखकर भी कहती थी कि यह फीका है, मीठे को कड़ुवा कहकर उगल देती थी, गीत सुनकर भी कानों पर हाथ रख लेती थी। अपनी माँ के सामाजिक रूप से वर्ज्य समझे जानेवाले प्रेम के प्रति बेटी की यह उदारता, यह उछाह पहले शायद ही कहीं कविता में दिखा हो, क्योंकि हमारे कवि अभी भी कहीं न कहीं एक अधेड़ विधवा को किसी परपुरुष से प्रेम करते नहीं देख सकते, जब तक कि वह पुरुष वे स्वयं न हों। इस कविता में सबसे दिलचस्प और पुरुषों को पीड़ा देनेवाली बात यह है कि बेटी अपनी माँ को दुनिया की सबसे खूबसूरत माँ ही नहीं बताती, अपने पिता को याद करते हुए अपनी माँ के देह के वेग, उसकी कामुक चंचलता, उसके संसर्ग-संयम की बात भी करती है और यह लड़की अभी स्कूल में पढ़ती बताई गई है, जिन्हें एक स्तर पर तो पिता सिर्फ बच्ची ही समझते हैं, मगर दूसरे स्तर पर उनके संभावित प्रेम-प्रसंगों से, किसी लड़के से उनके शारीरिक संसर्गों की आशंका से डरे और घबराए रहते हैं।

इस कविता को पढ़ते हुए कहीं भी यह नहीं लगता कि पवन करण ने स्त्री के प्रति यह उदार संवेदनशीलता किसी विदेशी कविता से चुराकर हमारे सामने परोस दी है यानी यह उस जमीन से नहीं आई है, जहाँ से कवि आया है। इस कविता में वे सारे सामाजिक बन्धन संकेत के रूप में विद्यमान दिखते हैं, जो इस समाज में एक स्त्री को विधवा हो जाने के बाद फिर से जीवन की खुशी हासिल करने से रोकते हैं, उसे पंगु बनाकर रख देते हैं। इस कविता की प्रेम करती स्त्री के लम्बे अकेलेपन और उदासी में उसका अपने मृत पति से गहरा प्रेम और समर्पण ही नहीं दिखता है, इस बात का तीव्र अहसास भी नजर आता है कि विधवा स्त्री को दुबारा खुशी सामाजिक उत्पीड़न के खतरे उठाकर और कुलटा कहलाकर ही हासिल हो सकती है। इसीलिए उसे ऐसे प्रेम को सबसे छुपाना पड़ा है, यहाँ तक कि बेटी से भी क्योंकि क्या पता सामाजिक जकड़नों में पली उसकी बेटी ही कहीं उसकी दुश्मन न बन जाए।

पूरी कविता में कवि कहीं हस्तक्षेप करता नहीं दीखता, अँधेरे में दीया

लेकर चलने का अभिनय करता नहीं दीखता, वह अपनी कविता को पूरी तरह प्यार में डूबी हुई माँ की बेटी के हवाले कर देता है और उसे ही बोलने देता है। यह कविता उस लड़की की कविता है या कहें गीत है, उसकी गुनगुनाहट है, उसके बौराएपन का संगीत है। क्या यह संभव न था कि पवन करण की कविता में नरेटर बेटी के बजाय बेटा होता ? शायद नहीं हो सकता था। बेटा अपनी माँ को किसी और मर्द से प्यार करते हुए नहीं देख सकता था, वह उस पीड़ा को महसूस नहीं कर सकता था, जिससे इस बीच उसकी माँ लम्बे अर्से तक गुजरी है, उसे तो इसमें अपनी माँ की मृत पिता के प्रति बेवफाई, उसकी कामेच्छा को दबाने में असमर्थता ही नजर आती, उसे शायद कभी नहीं दिखता कि यह प्रेम उसकी माँ के लिए कितनी बड़ी राहत और नेमत लेकर आया है।

–विष्णु नागर

क्रम

स्त्री मेरे भीतर

जिसे तुम मेरा पिता कहती हो

इस बार वह भी जल्दी घर लौटना ही चाहता था
और माँ तो हमेशा की तरह उसकी बेसब्री से प्रतीक्षा कर ही रही थी

इस बार वह घर लौटा तो बहुत बदला सा था
हमेशा की तरह वह कुछ लेकर भी नहीं आया वहाँ से
न एक जोड़ी नए कपड़े, न नई चप्पलें न कुछ रुपए
कि जिन्हें देखकर माँ को मिलती राहत
न लौटकर उसने किया कोई उत्साह प्रदर्शित
एकदम शान्त बना रहा उसका चेहरा
माँ ने उससे पूछा भी तो उसने टाल दिया
लेकिन उसने महसूस किया माँ उसके भीतर के बदलाव को समझ रही है
हालाँकि पिछली बार भी जब वह लौटा असहज था
लेकिन उतना फिर भी नहीं जितना इस बार

इस बार उसके भीतर तेजी थी और आक्रामकता थी
इस बार ऐसा हो रहा था घर के आँगन में लगी मशीन भी
चारे की तरह उसे काट रही थी लगातार
और मशीन चलाने वाले हाथ भी उसी के थे
क्यों, आखिर क्यों? पिता छोड़कर चले गए माँ को
दिन-भर काम में जुटी रहनेवाली अपढ़
मगर खासी अच्छी इस औरत में क्या कमी थी
और क्या कमी है मुझमें अभी पिता की ही कलाई पकड़ लूँ
तो वे छुड़ा भी न पाएँ मुझसे, रह जाएँ कसमसाकर

चुभता तो पहले भी रहा था लेकिन इस बार उसे,

भीतर तक बेधता रहा अपनी दूसरी माँ का चेहरा
इससे पहले जब वह उससे बात करती, फेरती उसके सिर पर हाथ
उसे अजीब मगर अच्छा लगता वह खुद चाहता था वह उसे पूछे, प्यार करे
लेकिन इस बार उससे, उसके हाल-चाल पूछती वह उसके कतई अच्छी नहीं लगी
न ही उसका वह बेटा जिसे सब उसका छोटा भाई कहते
जहाँ तक कि गाँव में अकेलापन भोगती उसकी माँ भी,
इस बार वह भी उसे अपने भाई की तरह नहीं लगा

पहली बार उसे लगा जैसे अपनी माँ के बेटे की तरह लौटा है वह
वह माँ के बारे में बेटे की तरह सोचते लौट रहा है
पहली बार उसे लगा यह आदमी जो गाँव में मेरी माँ को छोड़कर
इस औरत से यहाँ ब्याह रचाए बैठा है
मेरा पिता होते हुए भी पिता की तरह नहीं है मेरे,
आखिर क्यों, क्यों भेजती है माँ मुझे उसके पास
लौटते ही क्यों पूछती है बार-बार उस आदमी के बारे में
जो कभी झाँकता भी नहीं उसके मन में
पूछता भी नहीं कैसी है वह औरत जिसे वह
एक गाँव में अकेली एक ईंट-पत्थर के घर
और गोद में खेलते मेरे सहारे छोड़ आया

कैसे कहूँ माँ तुम्हारे और मेरे लिए कोई जगह नहीं वहाँ
न दिल में, न घर में, कहीं कोई निशान नहीं वहाँ हमारे
वह औरत जिसे तुम मेरी छोटी माँ कहती हो
भले ही प्यार से मेरे सिर पर हाथ फेरती हो
खिला-पिला देती हो कुछ नया बनाकर
लेकिन उसने आज तक मेरे सामने अपने बेटे से तुम्हें बड़ी अम्मा नहीं कहा
तुमने भले ही स्वीकार कर लिया हो सब, लेकिन वह कभी
सोच भी नहीं सकती उसके शानदार से घर की बैठक में
उसके राजकुमार जैसे बनकर रहते बेटे के साथ
किसी दीवार पर टँग जाए तेरे गँवार बेटे का फोटो

वह दस हजार रुपए महीने कमाने वाली औरत

दस सेकेंड के लिए भी तुम्हारा और पिता का जिक्र नहीं करती बर्दाश्त,
और पिता भी क्या माँ जो मुझे वहाँ जानते हैं वह तो ठीक
मगर वे तो किसी और को ये भी बताने में हिचकते हैं
कि मैं गाँव में रह रही उनकी उस पत्नी का
वह बेटा हूँ जिसे वह छोड़ आए अँधेरों में भटकता

इस बार वह अकेलापन भोगती अपनी माँ को दृढ़ता से बताना चाहता है
हम दोनों के इस पिछड़ेपन से दूर उस रहन-सहन,
उस वैभव में, जिसे उस औरत और उस पुरुष ने मिलकर रचा है
कोई जगह नहीं हमारे लिए, हमारी धूल में सनी शक्लें
कहीं नहीं ठहरतीं उनकी पाउडर से पुतीं शक्लों के सामने
और जिस आदमी को तुम बेहद समझदार, भला और अपना पति
और मेरा पिता कहती हो वह एक ऐसा कायर पुरुष है
जो अकेले में भी तुम्हें याद करने
और मुझे सबके सामने अपना बेटा कहने से हिचकता है, बचता है

एक खूबसूरत बेटी का पिता

एक खूबसूरत बेटी का पिता हूँ मैं
हालाँकि इसमें नया कुछ भी नहीं है
इस दुनिया में तमाम पिता हैं जिनकी बेटियाँ खूबसूरत हैं
फिर बेटी कैसी भी हो वह अपने पिता को
खूबसूरत ही आती है नजर

दरअसल उन तमाम पिताओं की तरह
मेरा भय भी यही है कि मैं एक खूबसूरत बेटी का पिता हूँ
और मेरी बेटी की खूबसूरती चुभती हुई है

क्योंकि मैं उसका पिता हूँ इसलिए तमाम बातें ऐसी हैं
जो मैं नहीं कर सकता उससे
लेकिन वे बातें मेरी सोच में रेंगती रहती हैं अक्सर
किसी लड़की को रिझाने उसके घर के चक्कर काटते
लड़के की तरह घूमती रहती हैं मेरे भीतर निरन्तर

जिंदगी के सबसे विस्फोटक पंद्रहवें साल में चलती
मैं अपनी बेटी को समझाना चाहता हूँ कि उसने खुद को
परेशानी में डाल लेनेवाली खूबसूरती पाई है
इसका अर्थ यह नहीं कि जो लड़कियाँ कम सुन्दर होती हैं
उन्हें समझाइश की जरूरत नहीं होती दरअसल उन लड़कियों पर
वैसा दबाव नहीं होता, जैसा होता है
मेरी बेटी जैसी खूबसूरत लड़कियों पर
इसलिए जितना रख सके वह रखे अपने आपको सँभालकर,
बहुत कच्ची उम्र है यह और यही उम्र है जब

देह पर कच्चापन उसी तरह दमकता है
जैसे पेड़ पर लटकी अमियों पर गाढ़ा हरापन

हालाँकि यह बहुत कठिन है फिर भी
ऐसा नहीं कि इससे बचा नहीं जा सके
मैं उससे कहना चाहता हूँ वह जितनी हो सके
कोशिश करे उन नजरों से खुद को बचाने की
जो इसी उम्र को अपने तीखेपन से बेधती हैं
और नहीं छोड़ती कहीं भी पीछा

एक बात यह भी कि दुनिया-भर की खूबसूरत बेटियों के
पिताओं से थोड़ा हटकर पिता मानता हूँ मैं खुद को
मैं जानता हूँ कि वह लड़की है तो किसी से
प्यार भी करेगी, चाहेगी भी किसी को
कोई पसंद भी आएगा उसे
और मैं भी नहीं चाहता मेरी बेटी किसी से प्रेम नहीं करे,
फिर दुनिया का कोई पिता अपनी बेटी को
प्रेम करने से रोक भी नहीं सकता
उसके भीतर पल रहे उस अहसास को
किसी भी तरह नहीं सकता खदेड़,
और तमाम प्रयासों के बाद भी अपने, उसके भीतर की
गुलाबी दीवार पर चिपके किसी चित्र को
नहीं फेंक सकता फाड़कर
और नहीं रोक सकता उसे किसी भी उम्र में करने से प्रेम
प्रेम के लिए क्या पन्द्रह और क्या पच्चीस

दरअसल मैं अपनी बेटी से कहना चाहता हूँ
वह प्रेम करे तो थोड़ा रुककर
प्रेम करने की सही उम्र नहीं यह,
हालाँकि यह भी सच है कि एक यही उम्र है जिसमें
सबसे तेज होती है प्रेम की गति
इसी उम्र में कुएँ की देह से निकलकर जल

मेड़ के चारों तरफ बगरता है
और मन की कोमल चिड़िया अपनी चोंच में
आकाश से सबसे बड़ा तारा उठा लाती है

दरअसल मैं चाहता हूँ कि मेरी बेटी
काँपते और डरते हुए नहीं, इस डगर पर
सँभलकर चलते हुए करे प्रेम,
अपने भीतर अद्‌भुत स्वाद लिए बैठे प्रेम के इस फल को
वह हड़बड़ी में नहीं धैर्य से नमक के साथ चखे
इसकी खुशबू को वह इस तरह अपने भीतर रोपे
कि वह जिन्दगी-भर फूटती रहे उसके भीतर से

हालाँकि प्रेम के बारे में इतना सोचना
इतना गणित प्रेम न करने जैसा ही है
और सभी जानते हैं कि प्रेम का हरा रंग
जब आँखों में बिखरता है आकर
मन बौरा जाता है
एक पागलपन हो जाता है इस पर सवार,
और मैं चाहता हूँ कि वह इस पागलपन को
अपने पर पूरी तरह से न होने दे हावी,
लेकिन प्रेम के लिए जरूरी इस पागलपन को
वह नकारे भी नहीं पूरी तरह से

प्रेम की तीव्रता एकान्त चाहती है और वह
प्रेमाभिव्यक्ति से देहाभिव्यक्ति की ओर बढ़ती है
और प्रेम में यह बढ़ना हो ही जाता है
मैं नहीं कहता कि देह अपवित्र चीज है
लेकिन वह पवित्र भी नहीं उतनी
कि हर समय उसकी चिन्ता में घुलते रहा जाए
लेकिन मैं कहता हूँ कि प्रेम अमूल्य है
उसका अहसास अवर्णनीय
बहुत गहरा सम्बन्ध है प्रेम का देह से

दरअसल प्रेम का बचना ही देह का बचना भी है
प्रेम बचा रहता है तो देह भी बची रहती है अपने विश्वास में

सिर्फ भय ही नहीं एक खूबसूरत बेटी का पिता होने का
जो उल्लास होना चाहिए मेरे भीतर
वह मेरे भीतर है और दो गुना है
फिर भी मेरी चिन्ता में मेरी बेटी की खूबसूरती
शामिल है और शामिल है यह दृढ़ता
यदि इस सबके बावजूद भी उससे कोई गलती होती है तो हो जाए
उसके पीछे उसे उबारने के लिए मैं खड़ा हूँ तत्पर

मौसेरी बहनें

वैसे वे दोनों सगी बहनें हैं मगर उनके बीच हर समय
कुछ-न-कुछ घुटता देख मैं उन्हें मौसेरी बहनें कहता हूँ

कितनी मौसेरी हैं वे इस बात का अन्दाज
इस तरह से लगाया जा सकता है कि वे नहीं रह सकतीं
बिना अपने-अपने मन की किए
और ये जानते हुए भी कि जो वे मन की कर रही हैं
वो अच्छी नहीं उतनी, इसके बाद भी
वे रह नहीं सकतीं उसे एक-दूसरे को बिना बताए

जैसे एक को हो जाए कॉलेज से आने में कुछ देर
दूसरी समझ जाती है वह कहाँ होगी इस वक्त
दूसरी का दफ्तर से लौट आए भरा हुआ टिफिन वापस
तो वह भी ताड़ जाती है साहिबा ने कहाँ क्या खाया होगा
दरअसल वे एक-दूसरे के बारे में उतना ही जानती हैं
जितना हवा के बारे में हवा या पानी के बारे में पानी

ठीक बात नहीं यह एक-दूसरी को समझाती है
मगर दूसरी देखती है कि वह भी उससे कुछ अलग नहीं
एक सी गलतियाँ करतीं, दोनों नहीं चाहतीं
उनमें से किसी से हो जाए कोई गलती बड़ी
एक-दूसरे को करते हुए सचेत
एक-दूसरे के बारे में करते हुए चिन्ता
अपनी-अपनी गलतियों के कवच में
मादा-कछुओं की तरह घुस जाती हैं वे

वे एक-दूसरे से ही जान सकी हैं
ठोकरें कहाँ-कहाँ बिछी हैं रास्ते में
कहाँ-कहाँ चलना है उन्हें सँभलकर
किसको दिखाना है ठेंगा तो किस के लिए
बचाकर रखना अपने चुम्बन

दरअसल उन्हें उपेक्षाओं ने मौसेरी बहनें बनाया है
निराशा ने बनाया है उन्हें एक-दूसरे के प्रति विश्वसनीय
एक-दूसरे के लिए दीवार की तरह डटकर खड़े हो जाना
उन्हें चाटने को लपलपाती जीभों ने सिखाया है

वे जो गलतियाँ करती हैं और फिर उन्हें
एक-दूसरे को बता-बताकर हँसती हैं
वे गलतियाँ नहीं आजादियाँ हैं उनकी
छोटी-छोटी आजादियाँ जिन्हें सैंडिलों की तरह पहनकर
एक-दूसरे का हाथ पकड़े हुए बढ़ रही हैं वे आगे

साँझी

समय ढलती साँझ का है
लड़कियाँ साँझी खेल रही हैं
रच रही हैं उसे दीवार पर

एक अभी हाल में उसकी
आँखें बनाकर हटी है
दूसरी ने उसके ओंठ बनाए हैं

तीसरी उसके माथे पर
बिन्दिया रख रही है
चौथी उसके गले में
माला पहनाने के लिए तैयार है

अभी उन्हीं में से कोई उसके भीतर
सूरज बनाएगी कोई चन्दा
कोई पेड़ बनाएगी कोई चिड़िया
उसमें लिखे जाएँगे एक-दूसरे के नाम
उस पर चिपकाए जाएँगे
मिट्टी के बतासे
साँझी खेलती लड़कियाँ
देखते ही बनती हैं इस समय

इस समय
इनके घरों से आतीं
इन्हें लगातार पुकारतीं

आवाजों को कोई समझाए
कोई समझाए उन्हें
साँझी सिर्फ खेल नहीं

कोई उनसे कहे कि वे आएँ
और पूजा के बाद नाचतीं गातीं
चने मुरमुरे बाँटतीं
लड़कियों की खुशी में झाँककर देखें

देखें कि इन्होंने जो गोबर से
साँझी की आँखें बनाई हैं
उन आँखों में कितने सपने भरे हैं
कितने गुलाबी हैं
गोबर से बने साँझी के होंठ

गोबर से बनी बिंदिया
कैसी चमक रही है
कितनी खुशबूदार है
गोबर के फूलों की माला
कितना लकदक है गोबर का पेड़
गोबर की चिड़िया भर रही है उड़ान कितनी ऊँची

कि कितने मीठे हैं
साँझी की देह पर जड़े
मिट्टी के बतासे

बहन का प्रेमी : पाँच कविताएँ

एक तय जगह पर मैं उसे
अक्सर खड़े हुए देखता हूँ

घर की बालकनी से जब मेरी निगाह
उसकी निगाहों से टकराती है
वह अपनी नजरें
दूसरी तरफ घुमा लेता है

वह मुझे देखकर वहाँ से हट जाए
यह सोचकर मैं उसे
टकटकी लगाए
देर तक रहता हूँ घूरता

लेकिन मेरी इस जिद का
उस पर कोई असर नहीं होता
उसकी निगाह बार-बार
मेरे घर पर जा टिकती है

मेरी तरकश के तीरों को
बखूबी झेलते हुए आगे बढ़े
यह उसका रोज का सिलसिला है

मैं छुपकर उसे कई दफे वहाँ से
अपनी बहन की तरफ
उँगलियों की भाषा में

शब्द उछालते हुए देखता हूँ
वह वहाँ खड़े होकर रोजाना
मेरी बहन के घर से बाहर झाँकने
और उससे आँखें मिलने का
करता है इन्तजार

मजा तो तब आता है
जब मेरी बहन उससे रूठ जाती है
और वह दिन-दिन-भर
उसके दिखाई देने की प्रतीक्षा में
वहाँ खड़े-खड़े गुजार देता है

तब दिन-दिन-भर मेरा घर
रात के आकाश की तरह
उसकी आँखों में अटका रहता है

2.

वह जल्दी-जल्दी एक सँकरी
गली में घुसता है
जो बहन के कॉलेज के
रास्ते में खुलती है जाकर

गली के मुहाने पर उसे
खड़े हुए देखकर घर से
कॉलेज के लिए निकली बहन भी
छोड़कर अपना रास्ता
गली में घुस जाती है

फिर वह पूरी गली मजे ले-लेकर
मेरी बहन और उसके प्रेमी को

आपस में शिकवे-शिकायतें करते
रूठते-मनाते, एक-दूसरे को
चिट्ठियाँ लेते-देते देखती है

गली का एक-एक घर उन्हें
लैला-मजनूँ की तर्ज पर पहचानता है

और गली ही नहीं
घर से कॉलेज के लिए निकली सड़क भी
मेरी बहन को आते देखकर
फुसफुसाने लगती है

देख वह गली के मुहाने पर
खड़ा हो गया आकर
और अब देखना वह आएगी
और उसे गली पर खड़ा देख
सीधे गली में घुस जाएगी

कई दफे तो वह यह कहते हुए
यार हम भी इतने बुरे नहीं
मेरी बहन को छेड़ भी देती है

लेकिन एक पकी हुई प्रेमिका की तरह
मेरी बहन पर
किसी की किसी बात का
कोई खास असर नहीं होता

3.

मोहल्ले-भर को यह बात पता है
उसके पास

मेरी बहन का फोटो है

कॉलेज के परिचय-पत्र से
खींचकर निकाला गया
मासूम चेहरे वाला
एक श्वेत-श्याम फोटो

जिसे वह अपने मित्रों को
अपनी जेब से निकालकर
खेल में जीती हुई किसी
ट्रॉफी की तरह दिखाता है

किसी खिलाड़ी की तरह जब वह
सबके बीच चूमता है उसे
उस समय उसके चेहरे की अकड़
देखते ही बनती है

और अपने मित्रों के बीच भी
वह अकेला ही है जिसके पास
अपनी प्रेमिका का फोटो है

उसके मित्र उसे कई दफे
तंग करने की नीयत से
उससे उस फोटो को
छीनने की करते हैं कोशिश
लेकिन वह हर बार उसे
मित्रों के हाथों में जाने से बचा लेता है
भले ही इसके बदले में उसे
अपने मित्रों को
पड़ता हो कुछ खिलाना-पिलाना

मैं उससे भिड़ना चाहूँ

तो मेरी बहन के उससे
फँसे होने का इससे बड़ा सबूत
मेरे लिए और क्या हो सकता है
कि उसकी जेब में हमेशा
मेरी बहन का फोटो रहता है

4.

अपने हर पत्र में बहन
उससे अनुरोध करती है
पढ़ने के बाद मेरा पत्र
फाड़कर फेंक देना

वह भी अपने हर खत में
उसे भरोसा दिलाता है
पढ़ने के बाद मैंने
तुम्हारे पत्र को
फाड़कर फेंक दिया

लेकिन न तो बहन ही
उसकी इस बात पर
भरोसा करती है और ना ही वह
उसके पत्रों को
फेंकता है फाड़कर

सिर्फ उसके लिए धरती पर
उतरी होने का भरोसा दिलाती
बहन और बस बहन के लिए
जीने का वादा करते
उसके प्रेमी को
पत्रों के मामले में
एक-दूसरे पर कतई विश्वास नहीं

बहन के मन में यह आशंका
हमेशा रेंगती रहती है कहीं वह
उसके पत्रों को
अखबार की तरह सबकी
आँखों के सामने न बिछा दे

और बहन के प्रेमी को भी
यह डर डसता ही रहता है
घर के कहने पर अपने
कहीं किसी रोज वह
भूलकर प्रेम-व्रेम
उस पर ही पलट जाए तब

तब ये पत्र ही होंगे
जो उस वक्त उसे बचाने
ढाल की तरह आएँगे उसके काम

5.

बहन की किताबों-कॉपियों में
कई दफे रँगे हाथ
पकड़ा गया प्रेमी का नाम

प्रेमी और उसकी मुलाकातें
शिकायतों की शक्ल में
घर के कानों तक पहुँची

घर में पिता के हाथों
बुरी तरह पिटी बहन
और मेरे हाथों सड़क पर
खुलेआम पिटा प्रेमी

दस-दस रोज बहन को
घर ने खुद से बाहर
नहीं निकलने दिया
दो-दो तीन-तीन रोज
बहन के हाथों ने
खाना छुआ तक नहीं

कई दफे नौबत बहन की
पढ़ाई-लिखाई
रोक देने तक आ पहुँची

मोहल्ला छोड़कर चले जाने पर भी
घर ने गम्भीरता से किया विचार

बहन और उसके प्रेमी के बीच
छाई हुई चुप्पी देखकर
कई दफे लगा जैसे
उनके बीच नहीं रहा कुछ

लेकिन वह लगातार प्रेमी की सोच में
अनार की तरह फूटती रही
और वह भी निरन्तर
उसके भीतर सुलगता रहा

धीरे-धीरे प्रेम करती बहन
और उसका प्रेमी
घर और मेरी दिनचर्या में
होता गया शामिल

और मेरे भीतर का भाई गलकर
घर के फर्श पर टपकता रहा

बूढ़ी बेरिया

टोकती नहीं
स्कूल जाते समय बच्चों को
लौटते वक्त उन्हें
पास बुलाती है
बूढ़ी बेरिया

उनसे करती है
बेरों की भाषा में
खट्टी-मीठी बातें

उनके प्रेम में जीवन-भर
अभिभूत
माँ सी बेरिया
रख ही नहीं पाती याद

बच्चों ने उस पर
कब कितने
पत्थर उछाले

मैं उससे अब भी प्रेम नहीं करता

मैं उसे प्रेम नहीं करता था
मैं उसे अब भी प्रेम नहीं करता
मैं उसे पसन्द करता था
मैं उसे पाना चाहता था
दरअसल मैं उसकी देह को पाना चाहता था

मैं उसकी देह को अपना घाव चाटते
कुत्ते की तरह चाटना चाहता था
मैं उसकी देह को गंडेरी की तरह चाहता था चूसना
मैं उसे अपने मुँह में भरकर
शक्कर के दानों की तरह चबाना चाहता था

मैं उसे जब भी देखता सोचता
कैसी होगी उसकी अन्तरंगता
कैसी उजली होगी वह भीतर से और भी
अपनी देह में प्रकाश भरे,
कैसी होगी उस वक्त उसकी शर्म
कैसी उस वक्त उसकी हँसी

मैं उन दिनों उसे दुनिया की
सबसे खूबसूरत औरत़ कहता
मैंने जिसे बाद में उसके साथ
अनुभव के दौरान किया भी महसूस
जिसे मैं उसे बताता भी रहा अक्सर

मैंने देह की दुनिया में उसकी
प्रवेश पाने के लिए खुद को

उसके पैरों में घास की तरह बिछा डाला
मैं उससे कहता तुम्हारे खूबसूरत पैरों के नीचे
मैं जितना दबूँगा उतना ही निखरेगा मेरा रूप
तुम मुझे रौंदते हुए जितना चाहो
चलती चली जाओ
मैं तुम्हारे कदमों में बढ़ता ही जाऊँगा
दुनिया के उस छोर पहुँचकर भी
खत्म नहीं होगा मेरा विस्तार

मैंने बाँध के दरवाजों की तरह खुलकर
होकर उसकी आँखों में पानी-ही-पानी
उसे होने के लिए मीन कर दिया विवश
कर दिया उसे तैरने मजबूर

आज उसके साथ दूर निकल आने के बाद
मैं उससे पूछता हूँ
तुम्हारा संयम कहाँ खो गया
कहाँ खो गई तुम्हारी 'न'
तुम्हारे लिए ठीक नहीं गति
कहाँ से आ गई यह तुम्हारे भीतर
लगाम जरूरी है इस पर
मैं तो समझता ही न था तुम्हारे भीतर
इतनी बाढ़ भी हो सकती है
यह तो मुझे ही बहाये लिए जा रही है

मैं उससे अब भी प्रेम नहीं करता
मैं उसे अब भी बस पसन्द करता हूँ
मैं उसकी देह को पसन्द करता हूँ
लेकिन उसकी आँखें अब अक्सर मेरे भीतर
मेरे उस पुराने अनुरोध को ढूँढ़ती हैं
जिसने एक रोज अपनी आँधी में
उसके धीरज को उड़ाकर रख दिया था

पुरुष के बिना रह भी सकती हो तुम

टेलीफोन पर वह रिरियाते हुए कहता है
तुम्हें मेरी कसम फोन काटना मत मेरी बात सुन लो
इतना बुरा आदमी नहीं मैं जितना मुझे तुम समझती हो
एक तुम ही तो हो जिसने मुझे समझा अच्छी तरह

एक बार, बस एक बार मैं तुमसे मिलना चाहता हूँ
मिलने का एक अवसर तुम्हें मुझे देना ही चाहिए
सुनना ही चाहिए तुम्हें मेरी बात
आखिर हम किस-किस तरह कहाँ-कहाँ और
कितनी दफा नहीं मिले हैं क्या तुम्हें कुछ याद नहीं

क्या तुम भूल गईं कि तुम मुझे कितना प्यार करती थीं
किस कदर पागल रही हो तुम मेरे लिए
मेरी एक-एक अदा पर मर मिटने को तत्पर
मेरी एक उँगली के इशारे पर नाचतीं
दीवानी की तरह मुझे खोजतीं, मेरे पीछे भागतीं
मैं तो सोच भी नहीं सकता तुम मुझे भूल भी सकती हो
इस बात की कल्पना भी नहीं कर सकता
मुझे भूलने के लिए इतनी दृढ़ भी हो सकती हो तुम

क्या हुआ जो मैंने तुमसे कर दिया इंकार दूर हो गया तुमसे
चुन लिया किसी और को जीवन भर के लिए
पिता भी बन बैठा इस बीच
मगर देखो साल भी नहीं बीता कि मुझे
याद सताने लगी तुम्हारी, तुम्हारी देह तैरने लगी मेरी आँखों में

तुम्हारी संगत को मचलने लगे मेरे हाथ
मेरे मसूढ़े छोड़ने लगे तुम्हारी मिठास के लिए लार

कैसी बचकानी बात करती हो तुम कि अब मुझे
अपनी पत्नी के साथ खुश होना चाहिए
भला कोई अपनी पत्नी के साथ खुश होता है
तुम्हें नहीं करनी चाहिए मुझसे यह बात
फिर यह बात तुम ही जानती हो मैं तुम्हारे बिना
और तुम मेरे बिना कैसे खुश रह सकती हो

अब इस बात को उठाने से क्या फायदा
कि तुम अब तक अविवाहित हो, और जब मैं तुमसे
इतना ही प्यार करता था तो तब मुझे तुमसे
ब्याह करना ही चाहिए था, मगर अब हो भी क्या सकता है
लेकिन तुम ही देखो मुझे अब भी तुम्हारी कितनी जरूरत है
और फिर तुम्हें भी तो किसी न किसी पुरुष की जरूरत होगी ही
फिर तुम्हारे पास मुझसे बेहतर
जाँचा-परखा पुरुष कौन हो सकता है

जिन दिनों हम लगातार साथ-साथ थे
तुम्हारी आक्रामकता बतलाती थी तुम नहीं रह सकती मेरे बिना
उस पथ पर मेरे बिना एक कदम नहीं चल सकतीं तुम
ये कैसे हो गया तुम पुरुष के बिना रह रही हो
तुम जीने लगी हो पुरुष के बिना
इस बात की कल्पना भी नहीं कर सकता मैं
कि मेरा चस्का तुमसे छूट भी सकता है

तुम्हें पता है तुम मुझसे क्या कह रही हो
क्या चाह रही हो मुझसे, तुम जानती हो
तुम चाहती हो जब मैं तुमसे इतना ही प्यार करता हूँ
तो पहले अपनी पत्नी को खदेड़ दूँ घर से बाहर
बच्चे को छोड़ आऊँ कहीं फिर आऊँ तुम्हारे पास

तब तुम मानोगी कि मैं तुम्हें सच्चा प्यार करता हूँ
और नहीं जी सकता हूँ तुम्हारे बिना

तुम जानती हो तुम ये कैसी शर्त रख रही हो मेरे सामने
तुम्हें तो बस मुझसे मतलब होना चाहिए
अब तुम्हीं बताओ बच्चे को कहाँ छोड़ सकता हूँ मैं
पत्नी से कैसे कर सकता हूँ विच्छेद
कैसी स्त्री हो तुम जो दूसरी स्त्री का बुरा चाहती हो
और अपने प्रिय उस पुरुष का घर बरबाद करना चाहती हो
जिसके बिना कभी एक पल नहीं रह पातीं थीं तुम
जिसके हाथ इन दिनों फिर से तुम्हें पाने के लिए कसमसाने लगे हैं

ये भी कोई भूलनेवाला दिन है

टेलीफोन की घंटी सुनकर नींद खुलती है
उधर से मित्र कहता है
विवाह की सोलहवीं वर्षगाँठ पर बधाई
मैं आश्चर्य से भर जाता हूँ
और उसे देता हूँ ढेर सारा धन्यवाद

पत्नी को बुलाता हूँ और पूछता हूँ
तुम्हें पता है कि आज क्या है
वह कहती है पता है
एक तुम्हीं हो जिन्हें कुछ याद नहीं रहता
ये भी कोई भूलनेवाला दिन है

सच यह वाकई भूलनेवाला दिन नहीं
हमारे बीच यही तो दिन था पहला
मिट्टी के बर्तन जैसा कोरा, नया नकोर
चौदह की तुम और अठारह के मेरे बीच

तब हम एक-दूसरे के आगे एक-दूसरे के लिए
दो अलग-अलग देह थे बस
तब न मैं उसकी भाषा समझता था और न तुम
दोनों के भीतर बस एक वेग था
जो एक-दूसरे से टकराकर हर बार
रह जाता था चुप
लेकिन उसकी मिठास हमारे भीतर
मिश्री की तरह घुलती थी
और घुलती ही रहती थी लगातार

दो देहों के बीच का यह जादुई संसार
धीरे-धीरे खुला आश्चर्य से खुलती
हमारी आँखों के सामने
धीरे-धीरे हमें लगा हम दो जिस्म नहीं
एक-दूसरे के लिए कितना और भी हैं

देखते-देखते हमारे भीतर के हमारे
खिलते हुए मन आए बाहर
हमारी इच्छाएँ उम्मीदें और स्वप्न
एक-एक कर उभरे हमारी दुनिया में

दुनिया में जिस सच को दिनों तक
अँधेरे में ही आँकते रहे हम
वह उजाले के बाहर आया निकलकर
उसके ठंडे जल में सीखा हमने तैरना
और उसकी कच्ची पगडंडियों पर
कोसों नंगे पाँव चले हम

फिर एक-दूसरे के लिए एक-दूसरे के सामने
दो देहों की तरह ही नहीं बचे हम
हमारे बीच दूरबीन के संसार की तरह
आकर फैल गया विस्तार
जिसके सहारे एक-दूसरे को
दूर-पास, पास-दूर देखने लगे हम
और देखते आ रहे हैं आज तक

पत्नी ठीक कहती है यह दिन भी
कोई भूलनेवाला दिन है
वाकई यह दिन भूलनेवाला नहीं
एक यही दिन है जो हमें
अपनी-अपनी देहों का इतिहास
उलट-पलट करने को करता है तत्पर

उस अहसास के बारे में

घर से दूर जाते समय तुम्हारे होंठों पर
मैं जो एक चुम्बन छोड़ आया हूँ
मेरे लौट आने तक उसका अहसास
उन पर जस-का-तस रहेगा प्रिय

तुम चाहे कितने भी जोर से
रगड़-रगड़ कर धोना उन्हें,
चाहे सिगड़ी में आग बढ़ाने
मारना जोर-जोर से फूँक
या उन्हें रँग डालना परत दर परत
लेकिन वह हठी होंठो से हटेगा नहीं

मैं वहाँ रहते हुए तुम्हें करूँगा
हर रोज टेलीफोन, पूछूँगा तुम्हारे
और बच्चों के बारे में
और पूछूँगा उस अहसास के बारे में
जो मैं तुम्हारे होंठों पर आया हूँ छोड़

उतने दिन जितने मैं रहूँगा
यहाँ तुमसे दूर, तुम्हारे पास
तमाम चीजों के बीच–
महसूस करने के लिए मुझे
होंठों पर
विश्वास की तरह होगा यह

हम पति अनाकर्षक पत्नियों के

हम वे पति हैं जिन्हें खूबसूरत पत्नियाँ नहीं मिलीं
हममें से कुछ की शादियाँ तो बिना लड़की देखे ही हुईं
माँ-बाप ने जाकर लड़की देखी, पसन्द की
और बैठा दिया हमें मंडप में ले जाकर
न तो उन्होंने हमसे पूछा और नहीं हम उनसे लड़की देखने की कह पाए
और उस पर तुर्रा यह कि कोई माँ-बाप
क्या अपने लड़कों के लिए खराब लड़कियाँ पसन्द करते हैं
लेकिन जब हमने पहली रात उठाए अपनी पत्नियों के चेहरों से घूँघट
तो मसोस कर रह गए अपने खूबसूरती के कायल दिल
हम दो-दो तीन-तीन बच्चों के पिता होने के बाद
आज भी पछताते हैं काश हमने उस वक्त
लड़की खुद जाकर देखने की जिद कर ली होती

हमें हमेशा यही लगता रहता है कि हमारी जोड़ियाँ बेमेल हैं
हम कितने खूबसूरत, हैंडसम और स्मॉर्ट हैं
और हमारी तुलना में हमारी पत्नियाँ कितनी अनाकर्षक
हम लम्बे चौड़े हैं तो वे ठिगनीं और मरियल
हम दुबले पतले छरहरे हैं तो वे कितनी मुटल्लीं
हम कितने शिक्षित और समझदार हैं
और हमारी तुलना में वे कितनी अशिक्षित और गँवार
उनके शरीर पर कोई कपड़ा जँचता ही नहीं
उनकी त्वचा पर फबता ही नहीं कोई रंग
हमें उनके साथ खड़े होने में झिझक होती है
और अपने साथ ले जाने में आती है शर्म, और तो और
हम गाहे-बगाहे हँसी-मजाक में उनसे मन की कह भी देते हैं

यदि हमने तुम्हें शादी से पहले देख लिया होता
तो कम-से-कम तुम तो हमारी पत्नियाँ नहीं होतीं

हम इसी कुंठा के कारण जहाँ भी मौका पाते हैं दूसरों की
खूबसूरत पत्नियों को आँखें फाड़-फाड़कर देखने लग जाते हैं
दूसरों की पत्नियों को देखते ही हमारे मसूढ़े
छोड़ने लगते हैं लार, नसों में दौड़ने लगता है रक्त
जब तक दूसरों की पत्नियाँ हमारे बीच रहती हैं हम आँखें बचा-बचाकर
देखते ही रहते हैं उन्हें, उनमें ढूँढ़ते रहते हैं
अपनी-अपनी पत्नियों को खारिज करते हुए
अपने-अपने मन की वे पत्नियाँ जो नहीं मिल पाईं हमें
तमाम विश्वासों को ध्वस्त करते हुए हमारी आदतें
उनमें भी अपने लिए सम्भावनाएँ तलाशने लगती हैं
किसी की भी हों खूसबूरत पत्नियों को दिनों तक
नहीं निकलने देते हम अपनी सोच से
हम उन्हें टहलाते ही रहते हैं अपनी अतृप्त इच्छाओं में लगातार

हमें सुन्दर पत्नियाँ नहीं मिलीं यह हमारा स्थायी दुःख है
एक ऐसा राग है यह हमारा जिसे हम हमेशा गुनगुनाते रहते हैं
हमें सुन्दर पत्नियाँ नहीं मिली अपने इस दुःख को
कम करने के लिए हम कुछ-न-कुछ करते ही रहते हैं
जैसे हम हमेशा खूबसूरत स्त्रियों की जुगाड़ में लगे रहते हैं
हमारे दिमाग में हमेशा खूबसूरत स्त्रियों को
फाँसने की तरकीबें चलती ही रहती हैं
हम किसी भी तरह उनका सामीप्य पाना चाहते हैं
उन्हें प्राप्त करना ही चाहते हैं
हम बुरा कर रहे हैं या अच्छा इस बारे में हम नहीं सोचते
उल्टा यह तर्क हमेशा हमारे काम आता है कि हमें
खूबसूरत पत्नियाँ नहीं मिलीं तो क्या हम यह दुःख लिए ही
चले जाएँगे इस धरती से कि हमें एक भी गोरी चिट्टी
और सुन्दर औरत का साथ नहीं मिला जीवन में

हमें खूबसूरत पत्नियाँ नहीं मिली इस वजह से
हम सबके पास अपनी-अपनी पत्नियों के अलावा
एक-एक दो-दो खूबसूरत औरतें और हैं
जिन्हें हम अक्सर हँसते हुए स्टेपनियाँ कहते हैं
हालाँकि वे सभी बेहद सुन्दर हो ऐसी कोई बात नहीं
लेकिन वे हमें अपनी पत्नियों से ज्यादा खूबसूरत जरूर लगती हैं
जिनकी देहों के जल में हमारी कुंठाएँ डुबकियाँ ले लेकर नहातीं
और उसमें डटकर मचाती हैं उछल-कूद
हम उन्हें पाकर ऐसा महसूस करते हैं
जैसे रंगमहल आ गया हो हमारी मुट्ठियों में,
लेकिन इससे हमारी आदतें भी खराब हो गई हैं
हम हमेशा खूबसूरत औरतों की तलाश में जुटे रहते हैं
और एक को छोड़कर दूसरी खूबसूरती को लपकने में
नहीं होता हमें किसी तरह का कोई संकोच

हमें खूबसूरत पत्नियाँ नहीं मिली तब भी क्या
इसका मतलब यह तो नहीं कि हम अपनी पत्नियों के साथ रहे नहीं
जिया नहीं हमने उनके साथ जीवन
यह हमारी सदाशयता है कि अपनी पत्नियाँ पसन्द न होने के बाद भी
हम उनके साथ रहे ही नहीं दो-दो तीन-तीन बच्चे भी हुए हमारे
हमने अपने जीवन-भर की काली कमाई की उन्हीं के नाम
उन्हीं के नाम पर खरीदी सम्पत्ति, गाड़ी-घोड़े
और उन्हीं के साथ खिंचा फोटो लगाया घर की बैठक में
और तो और हमने उन्हें पता तक नहीं चलने दिया
कि हमारी साधारण सी दिखनेवाली पत्नियों तुम्हारे अलावा
हमारे और भी स्त्रियों से तुमसे भी अधिक गहरे और अन्तरंग सम्बन्ध हैं
तुमसे तो हमारे सम्बन्ध केवल तन के हैं
लेकिन उन स्त्रियों से हमारे सम्बन्ध तन और मन दोनों के हैं

हमें खूबसूरत पत्नियाँ नहीं मिली एक तो यह अन्याय हमारे साथ
और उस पर हमारी दौलत से भरी जेबें
आगे-पीछे घूमती मोटर गाड़ियाँ

हमारी कभी न टूटनेवाली पेंट की क्रीज
हमारे चमचमाते हुए कुर्ते-कोट
और उस पर हमारी ये अनाकर्षक पत्नियाँ
ऐसे में हम खूबसूरत औरतों को न फाँसें तो क्या करें

टायपिस्ट

दफ्तर में हममें से हर एक उसे
पा लेने की दुर्लभ इच्छा रखता है

हमारे बीच कोई मतभेद नहीं वैसे तो
हमें आपस में किसी बात पर
बहुत कम झगड़ते हुए देखा गया है
और सबसे महत्त्वपूर्ण लेन-देन के मामले में तो
हमारी आपसी समझ इतनी अच्छी है
कि हमसे पाला पड़ने पर हम सभी आपको
एक-दूसरे के मौसेरे भाई नजर आएँगे
लेकिन टायपिस्ट को लेकर एक-दूसरे के प्रति
हमारी अलग-अलग ईर्ष्याएँ हैं

हममें से हर कोई एक-दूसरे का
टायपिस्ट की खूबसूरती को
कनखियों से निहारना या फिर
उससे हँस-हँसकर करना बातें
नहीं कर पाता है सहन
हमसे अपने ही किसी साथी का स्कूटर पर अपने
टायपिस्ट को घर तक उसके
दे देना लिफ्ट तो कतई नहीं होता बर्दाश्त
इस बात की तीखी कुढ़न हमारी बातों
और चेहरों पर साफ-साफ जा सकती है देखी

कहीं वह *क* से प्रभावित न हो जाए

यह सोचकर *ख* उसके सामने
क को रख देता है उधेड़कर
मौका पाते ही यही *ग* रस ले-लेकर साप्पने उसके
घ के मामले में करता है

देखा जाए तो इस मामले
और उससे भी ज्यादा उसके बारे में
जानने के मामले में
दफ्तर की पूरी बारह खड़ी एक जैसी है

हमसे कोई ऐसा नहीं
जो उसकी और अपने साथियों की
नजरें बचा-बचाकर
उसके सन्तुलित अंगों की उत्तेजना को
अपने अंगों में
करता न रहता हो हरदम महसूस

उसे इस बात का कतई पता नहीं
हम उसके साथ कितनी ही बार
कल्पनाओं और सपनों के
चिर-युवा बिस्तर पर कर चुके हैं सहवास

किस तरह मिलूँ तुम्हें

किस तरह मिलूँ तुम्हें

क्यों न खाली क्लास रूम में
किसी बेंच के नीचे
और पेंसिल की तरह पड़ा
तुम चुपचाप उठाकर
रख लो मुझे बस्ते में

क्यों न किसी मेले में
और तुम्हारी पसन्द के रंग में
रिबन की शक़्ल में दूँ दिखाई
और तुम छुपाती हुई अपनी .ख़ुशी
ख़रीद लो मुझे

या कि कुछ इस तरह मिलूँ
जैसे बीच राह में टूटी
तुम्हारी चप्पल के लिए
बहुत जरूरी पिन

आपत्तियों के बीच प्रेम

एक साथ इतनी आपत्तियाँ हमने कभी नहीं झेलीं
आपत्तियाँ न हुईं कतार में चली आतीं चीटियाँ हो गईं
हमारी तरफ बढ़ती हुईं, एक के पीछे एक लगातार

हम पूछना चाहते हैं, क्यों साहब, क्या आपत्ति है, हमसे
आखिर आप हैं कौन हमारे मुल्ला या काजी
या कोई और जो आप लगे ही रहते हैं हमारे पीछे
टिकी ही रहती हैं हम पर आपकी निगाहें
घूम-फिरकर अपनी बातों में ले ही आते हैं आप हमें,
आप हैं जिनको हमसे सबसे ज्यादा आपत्ति है
कहा जाए तो हमें लेकर
आपत्तियों का घूरे जैसा एक ढेर मौजूद है आपके भीतर

हम कोई अपराध तो नहीं करते और आपस में बात करना
कोई अपराध है भी नहीं, जरूरी नहीं
हम अपनी बातों में आपको करें ही शामिल
हम दो के बीच तीसरे का क्या काम
फिर हम जैसे दो लोगों के बीच की बातें
किसी और के लिए होती भी नहीं,
लेकिन आप हैं कि जब भी हमें देखते हैं
औरों से कहे बिना नहीं मानते
क्या यार ये दोनों बातें ही करते रहते हैं
इनकी बातें ही खत्म नहीं होतीं
क्या बात करते रहते हैं ये आपस में
ऐसे काम नहीं चलेगा, इनकी बातों का

कुछ-न-कुछ इलाज तो करना ही पड़ेगा

हम होटल के बाहर बिछी किसी बेंच पर
बैठकर चाय पिएँ तो इसमें क्या अलग है
क्या अलग है कि हम होटल पर चाय पीने अकेले ही जाएँ
नहीं ले जाएँ अपने साथ किसी को
आखिर हम अपने रंग में भंग डालने का
अवसर क्यों दे किसी को कि हम आपको बुला लें
और अपने मन की कह न पाएँ एक-दूसरे से
जब तक आप बैठे रहें हम शक्लें देखते रहें एक-दूसरे की
और आपके साथ ऐसे लौटें जैसे बेकार हो गया हो
हमारा आज का होटल पर बैठकर चाय पीना,
फिर भी आप कहे बिना नहीं मानें
आजकल खूब चाय पी जा रही है साथ-साथ
देखना किसी रोज ऐसा न हो कि यह
चाय-वाय सब धरी रह जाए और चाय तो क्या पानी के भी न रहो

हम दोनों का एक साथ कहीं पहुँचना तय होता है
एक साथ पहुँचने में न तो कुछ नया है न ही अजीब
यह सामान्य दृश्य है, जिसे कहीं भी जा सकता है देखा
लेकिन आप हैं कि पहले से ही उस जगह इस बात का माहौल
बनाकर बैठ जाते हैं कि देखना दोनों साथ-साथ ही आएँगे
और हम कभी आपसे पहले साथ-साथ कहीं पहुँच जाए तो
आप आते ही जानने की कोशिश करेंगे
क्यों गुरू दोनों साथ-साथ ही आए होंगे अरे भैया
वे अलग-अलग आ ही नहीं सकते और देखो पूरी पार्टी में
एक-दूसरे से चिपके ही रहेंगे, साथ-साथ खाएँगे
साथ-साथ पिएँगे, साथ-साथ हँसेंगे
और तो और किसी का अभिवादन भी करेंगे तो दोनों साथ-साथ
क्या बेवकूफी है साली ऐसा लगता है जैसे
लैला-मजनू के बाद ये ही पैदा हुए हों
किसी दिन कोई लफड़ा हो नहीं गया तो फिर सँभाले नहीं सँभलेगा

अपन तो भैया उसी दिन बात करेंगे सबसे
उसी दिन अपने को मजा और इनकी समझ में आएगा

हमारे बीच अभी ऐसा-वैसा कुछ भी नहीं हुआ है
हम एक-दूसरे के भीतर अभी पहुँच ही रहे हैं
और ऐसा भी नहीं कि हमारे बीच कुछ होगा नहीं
हम जैसे दो के बीच जो भी होता आया है अब तक
वह हमारे बीच भी हो सकता है कभी भी
लेकिन अभी उस मुकाम तक नहीं पहुँचे हैं हम
लेकिन आपके अनुमानों ने तो हद कर दी है
कुछ देर के लिए ही सही हमें कहीं एकान्त मिल तो जाए
आप हैं कितने ही ताने-बाने बुन डालते हैं
और अपनी आँखों में बुनें वहाँ तक तो ठीक
सारे जहाँ की आँखों में बिठा देते हैं हमें ले जाकर
अब भाई साहब हम भी तो वही करेंगे न जो सब करते हैं
फिर भी आप हैं कि कहे बिना नहीं मानते कि देखो
भाई लोग भिड़े ही रहते हैं, चूकते नहीं कोई अवसर
चलो, वैसे तो आज तक कोई वैसी मुलाकात हुई नहीं हमारी
और कभी-हो-तो भी आपको क्या आपत्ति है
क्या हम आपके खूँटे पे बँधे गैया-बैल हैं

हम आपस में कुछ भी हैं, कैसे भी हैं? छोटे हैं बड़े हैं
ऊँचे हैं-नीचे हैं इससे आपको क्या
उसने मुझसे कम वसन्त देखे हैं, मैंने ज्यादा मौसम झेले हैं
वह बड़े वर्ग से है, मैं छोटे घेरे से हूँ
वह भोली दिखती है, मैं चालाक लगता हूँ
मैं किसी को चाय की भी नहीं पूछता और उसे
कोल्ड ड्रिंक से नीचे नहीं उतरने देता

हमें पता है ऐसी कितनी ही आपत्तियाँ हैं तुम्हारी
लेकिन हमारे बीच एक दूसरे को लेकर कोई आपत्ति नहीं
हम किसी गठबन्धन सरकार के खाकी प्रधानमन्त्री तो हैं नहीं

जो आपत्तियों से बचने या फिर उनसे उबरने या गठबन्धन को
ठगने के लिए कभी भी कर दें अपने
इस्तीफे की घोषणा और कर लें खुद को सुरक्षित
हम तो प्रेमी हैं प्रेमी, और प्रेम से इस्तीफा नहीं दिया जा सकता
हमें इन आपत्तियों के बीच ही प्रेम करना है
इन आपत्तियों के बीच से ही चुनना है हमें अपने लिए एकान्त
इन आपत्तियों को दर किनार करते हुए पीनी है
किसी होटल के बाहर बिछी बेंच पर बैठकर चाय
इन आपत्तियों की आँखों में धूल झोंककर चूमना है एक दूसरे को
इन आपत्तियों को अपनी मोटर साइकिल के पहियों के नीचे
रौंदते हुए निकल जाना कुछ देर के लिए कहीं दूर

तुम जैसी चाहते हो वैसी नहीं हूँ मैं

मुझे इस बात का कोई पश्चाताप नहीं है
न ही कोई अपराध बोध मेरे भीतर
हमेशा के लिए उसकी होते समय आज
जैसी वह मुझे चाहता है, वैसी नहीं हूँ मैं

हमेशा के लिए उसकी होने से पहले
सदा के लिए किसी और की भी थी मैं
हम दोनों की यह आज पहली मुलाकात जरूर है
लेकिन ऐसी मुलाकात मेरे लिए कोई पहली नहीं
शायद उसके लिए भी न हो
उसके दोनों हाथों में मिट्टी के घड़े जैसी
कोरी नहीं हूँ मैं, नाहीं एकदम अनछुई
मुझे इससे पहले पुरुष के हाथों ने छुआ है
और ठीक-ठीक छुआ है एक रसीले पुरुष ने खामोशी के साथ
कुछ बार मेरे अन्तःपुर गें किया है बड़े गौरव से प्रवेश

दरअसल कुँआरेपन को मैंने अपने उस पूँजी की तरह माना ही नहीं
जिसे मुझे हर हाल में रखना था सँभालकर
और सौंपना था सिर्फ अपने पति को ही
मैंने उसे बन्धन की तरह नहीं अपने हक की तरह लिया
मैं तो समझ ही न पाई और इसकी बरसात
एक दिन अचानक पड़कर भीतर तक भिगो गई मुझे
मैं उन लड़कियों में से रही हूँ
जो अक्सर इसी तरह इसमें भीगकर
जिन्दगी-भर गीली बनी रहती हैं और कभी

इस बारिश में भीगे अपने बदन को पोंछने की नहीं करती कोशिश

इससे पहले इस बारे में मैं जब भी सोचती
मुझे सभी पुरुष एक से लगते
सभी का स्वर एक सा देता सुनाई
कि हमें उनसे पहले किसी पुरुष के हाथों ने तो क्या
खुद हमारे हाथों ने भी न छुआ हो
लगता ये पुरुष भी कितनी भोली उम्मीद रखते हैं हमसे
हमें पाकर मन्त्रमुग्ध हो जाने और सुध-बुध
खो बैठने की जगह पहली ही मुलाकात में ऐसी
खटास-को देना चाहते हैं जन्म
जो जीवन-भर दोनों के बीच बसी रहे उस स्वाद में

हमेशा के लिए आज होते समय उसकी
एक बात जो मेरे हक में जाती है
वो ये कि ऐसे कोई संकेत छूटते ही नहीं
अगर ऐसे कोई चिह्न मन के अलावा कहीं और बचते
तब पता नहीं मुझ जैसी ऐसी कितनी लड़कियाँ होती
जो अपनी देह पर घूमता हुआ पति का हाथ रोककर कहतीं
नहीं जैसी तुम चाहते हो वैसी नहीं हूँ मैं

गुल्लक

बिटिया बड़े जतन से सिक्के जोड़ती
कान से सटाकर देखती बजाकर
गुल्लक में सिक्के खन-खन करते

पिता के सामने गुल्लक रखती
उसकी हथेली पर गुल्लक में भरने
एक सिक्का और रखते पिता
बिटिया जाती गुल्लक छुपाती माँ हँसती

बिटिया बड़ी हो चुकी, ब्याह हो चुका
जा चुकी अपने घर
कहाँ आ पाती है पिता के घर
चिट्ठियाँ आती हैं

जब कोई चिट्ठी उसकी आती है
घर में बसी उसकी यादें
गुल्लक में भरे सिक्कों-सी
खन-खन बजती हैं

उसके दिन

उड़ने को बेताब उसके दिन
मेरे हाथों में
फड़फड़ा रहे हैं

मेरे कानों में रेंग रहे हैं
उसके शब्द
उसकी इच्छाएँ
मेरी जेबों में भरी पड़ी हैं

उसकी लहलहाती देह
जिसे बुरी तरह रौंदकर
मैं अभी-अभी लौटा हूँ
मेरी टापों के नीचे
पकी फसल जैसी है

वह जो एक दिन मेरे
पीछे-पीछे आई थी चलकर
मेरे विस्तार में
खुद को खोज रही है

यह आवाज मुझे सच्ची नहीं लगती

एक चिथड़ा तक नहीं बदन पर मेरे कपड़े का गुजरात की सड़कों पर
दंगाइयों से बचकर भागती एक औरत हूँ मैं

छीनकर गोद से मेरी मेरे बच्चे को पछीट दिया गया है सड़क पर
पछीट दिए जाने का मतलब समझते हैं न आप,
एक साथ कई हाथों से बुरी तरह स्तन मसले गए हैं मेरे
उस वक्त उनसे निकलते दूध की चिपचिपाहट को भी
नहीं किया गया है अपनी हथेलियों पर महसूस
जननांग में घुसेड़कर मेरे डंडा फहराया गया है उस पर एक ध्वज

भाइयों पिताओं और बुजुर्गों के सामने मुझे अपने
करके एकदम नंगा दौड़ाया गया है सड़कों पर
जिन्होंने पाल-पोसकर किया मुझे बड़ा सँजोए मुझे लेकर सपने
सोचती हूँ अपने सामने मुझे नंगा दौड़ते देख उन्हें कैसा लगा होगा
दौड़ाते समय मेरी पीठ के नीचे बुरी तरह बरसाए गए हैं डंडे

पुरुषों की तरह मुझसे नहीं पूछा गया मेरा नाम
नहीं की गई है कोशिश जानने की मेरा धर्म
उतरवा कर कपड़े नहीं की गई मेरी पहचान
पहनावे के आधार पर दूर से ही चीह्न लिया गया है मुझे
लेकिन मेरे भाइयों और पिताओं की गर्दनों की तरह तलवार से
एक झटके में नहीं उड़ाई गई मेरी गर्दन,
बल्कि मेरे मौत माँगने से पहले, कुत्तों की तरह,
बख्श देने के लिए जुड़े मेरे हाथों को चाटा गया
रौंदा गया है मेरे आँसुओं को वीर्य तले

दूर कहीं से चलकर आवाज आती है दंगा खत्म हो गया है
सच्ची नहीं लगती मुझे यह आवाज
मुझे नहीं लगता दंगा खत्म हुआ है अभी
ये दंगा कभी खत्म होगा भी नहीं, मेरे और
मेरी देह के खिलाफ ये दंगा सदियों से जारी है
और जारी है इन दंगाइयों से बचकर मेरा भागना
जैसे मैं इन दिनों भाग रही हूँ गुजरात की सड़कों पर

उसका दुःख

वह उदास है आज
आज देर तक देखेगी
वह खुद को आइने में
देखेगी अपनी चमड़ी पर
फेर-फेर कर हाथ,
उँगलियों पर गिनेगी उम्र,
चौंकेगी हर आहट पर
उसका दुःख आज
खूब सताएगा उसे

सुननी भी पड़ती है उसकी

महीने में दो-तीन दफे तो उसे टोकना ही पड़ता है
जरा सा ध्यान न दो तो उसने तुरत फुरत
अपने हाथ चलाए और वो घुसी अगले घर में

ध्यान देना पड़ता है तो उसके पास बैठना पड़ता है
उसके पास बैठना पड़ता है
तो फिर सुननी भी पड़ती है उसकी

जैसे वह बताती है, मैं जिस गली में रहती हूँ न
उसमें घुसते ही मोड़ पर एक मकान है
उसमें सट्टा चलता है
तरह-तरह के लोग आते-जाते रहते हैं
कोई कुछ नहीं करता और तो और
हर दूसरे-तीसरे रोज एक पुलिसवाला आता है
और वहाँ से रुपए ले जाता है
मैं उसकी मोटर साइकिल अच्छी तरह पहचानती हूँ

वह कहती है अब तुम्हीं बताओ वह मास्टर साहब हैं न
वो ही जिसमें बेरिया लगी है उस स्कूल के
जिनके दो बड़े-बड़े लड़के और एक शादी के लिए तैयार जवान लड़की है
वह कल कलारी के भीतर से धुत्त शराब पीकर निकले
कैसा जमाना आ गया है
मैं कलारी के सामनेवाले घर भी जाती हूँ न
अब तुम्हीं बताओ ऐसा मास्टर बच्चों को क्या पढ़ाएगा

एक दिन उसने बताया कल हमारे घर के सामने
न जानें कहाँ से आकर एक गाय मर गई
दिन-भर तड़पती रही बेचारी, रही डकराती
उसका पेट फूला हुआ था जानवरों के डॉक्टर ने बताया
उसके पेट में पोलिथिन भर गई है
उस गाय को बचाने के लिए मैं दिन-भर
गले में केशरिया रंग का पट्टा डाले रहनेवाले
मोहल्ले के नेताजी को ढूँढ़ती रही वह नहीं मिले
फिर मुझे ही जानवरों के अस्पताल जाना पड़ा

कई दफे तो वह बड़ी अजीब तरह की बात करती है
जैसे वह उस रोज बोली
वह अपने तहसीलदार साहब हैं न किशनगढ़वाले
जिनका बड़ा सा पीला मकान है बहुत पैसा हो गया है उन पर
जैसे लाटरी निकल आई हो
या मिल गया हो कोई खजाना
बीच में मैंने बन्द कर दिया था उनके यहाँ जाना
अब फिर से जाना शुरू किया है तीन-चार साल में तो
दुनिया ही बदल गई है उनकी ठाठ हो गए हैं
कितनी तनख्वाह मिलती होगी उन्हें
क्या सरकारी नौकरी में इतनी कमाई हो जाती है
कितने फल आते हैं उनके यहाँ
उनके बच्चे दिन-भर टी.वी. देखते हैं
और डिब्बों में जाने क्या-क्या खाते ही रहते हैं

एक रोज उसने दुखी होते हुए कहा
आप यदि कुछ कर सकते हो तो करो न,
जिस गली में मैं रहती हूँ उसमें घुसने के लिए
नाली पर जो! पत्थर लगे हैं वे टूट गए हैं
सेठजी का सामान से भरा हुआ ट्रक उसे तोड़ गया
कोई मतलब नहीं उससे लोगों को, वे बचकर निकल जाते हैं
हमें बहुत परेशानी होती है

कई बार पाँव नाली में चला जाता है
और रात-विरात तो बहुत दिक्कत आती है
नगर निगम का दारोगा बदलवाता ही नहीं उसे
कहता है तुम लोगों ने ही उन्हें तोड़ा है
पूरे मोहल्ले से रुपए इकट्ठे करके लाओ तब बदलेंगे
जबकि उसके स्टोर में बहुत सारे पत्थर रखे हैं
ये काम तो नगर निगम का है न भइया

ध्यान देना पड़ता है तो बैठना पड़ता है उसके पास
बैठना पड़ता है तो सुननी भी पड़ती है उसकी
और जरा ध्यान दो तो कभी
कमीज की कॉलर पर मैल रह जात। है
कभी पैंट की कमर नहीं होती ढंग से साफ
और कभी सफेद बनियान धुलने के बाद भी दिखाई देती है मटमैली

बुरका

तुम बार-बार कहते हो
और मुझे जरा भी
यकीन नहीं होता
इसे मेरे लिए
खुद खुदा ने बनाया है

तुम्हारे हुक्म पर जब भी
पहनती हूँ इसे
कतई स्वीकार नहीं करती
मेरी नुची हुई देह

स्वीकार नहीं करती
हर बार चीख-चीखकर
कहती है
नहीं इसे खुदा ने नहीं
तुमने बनाया है

मेरा खुदा कहलाने के लोभ में
मुझे इसे तुमने पहनाया है

उसे कहना ही पड़े तो

इन दिनों मैं उसका नया प्रेमी हूँ
मेरे नए प्रेमी होने का यह आशय कतई नहीं
कि वह एक चंचल लड़की है और
शेम्पुओं की तरह बदलती रहती है अपने प्रेमी
वह सचमुच एक सच्ची लड़की है
और जितनी सच्ची वह है उतना ही सच्चा प्रेम
इन दिनों कर रही है वह मुझसे

इस बीच उसके भीतर खिलते हुए मैंने एक रोज
उससे जानने की कोशिश की
क्या तुमने मुझसे पहले किसी और से प्रेम किया है
वह देर तक सिर झुकाए बैठी रही मेरे सामने
फिर बोली मैंने बहुत गलतियाँ की हैं जीवन में

फिर एक रोज और मैंने उससे पूछा
अच्छा अपने पहले प्रेमी का नाम बताओ
एकबार फिर उसका चेहरा जहाँ का तहाँ ठहर गया
फिर कुछ देर बाद वह बोली क्या करोगे जानकर
मैंने जानबूझकर मक्खी निगली थी
शायद मैंने धोखा खाने के लिए ही प्रेम किया था
और धोखे का कोई नाम नहीं होता
प्रेम सिवाय मूर्खता के कुछ है भी नहीं
अच्छा मैंने कहा तो क्या तुम्हें नहीं लगता
कि तुम उसे फिर से दोहरा रही हो

अच्छा एक बात बताओ अपने प्रेमी के साथ

कितनी दूर तक चली हो तुम तुमने सहवास किया है
वह देर तक देखती रही मुझे
और जितनी देर वह ताकती रही मुझे
उतनी देर सकपकाता रहा मैं भीतर
मैंने उसे हिम्मत बँधाते हुए कहा
यदि तुम न बताना चाहो तो मत बताओ
मैं तो बस जानना चाहता हूँ
क्यों जानना चाहता हूँ ये तो मैं भी नहीं जानता
लेकिन मैं जानना चाहता हूँ जो लड़की मुझे चूमती भी नहीं ढंग से
उसने प्रेम की कितनी सीढ़ियाँ उतरी हैं
सिर झुकाए हुए उसने एक बार फिर दोहरा दिया
तुमसे कहा न मुझसे बहुत गलतियाँ हुई हैं

इन दिनों वह मुझे उतना ही प्रेम कर रही है
जितना उसने कभी अपने पहले प्रेमी को किया होगा
वह आती है और मेरी बाँहों के तारों में
पतंग की तरह बिंध जाती है
और फिर झूलती ही रहती है हवा में
किसी खूँटी की तरह गड़कर रह जाती है मुझमें
और नहीं लेती देर तक उखड़ने का नाम

यह जानते हुए कि मुझसे प्रेम करने से पहले
उसने किसी और से प्रेम भी किया है और संसर्ग भी
इसके बाद भी मैं उसके भीतर के उस कक्ष में जो उसका निजी है
उसके आमन्त्रण की उदारता को उठाकर घुसना चाहता हूँ
पुरुष होने और मन में तमाम आकांक्षाएँ और आक्रामकताएँ रखने के बाद भी
मैं उसकी इच्छा के तीर से मरना चाहता हूँ

दरअसल प्रेम को गलती कहकर उसे फिर से
दोहरानेवाली मैं उस लड़की के अन्तस में
खुद होकर नहीं उसके बुलाने पर रखना चाहता हूँ कदम
मैं चाहता हूँ इस बार यदि उसे कहना ही पड़े
तो वह कहे मैंने कोई गलती नहीं की प्रेम किया है

मगर यह तो बताओ

घर में टेलीफोन की घंटी बजती है
रसोई से आकर वह टेलीफोन उठाती है
पूछती है आप कौन बोल रहे हैं
उधर से कही गई बात सुनकर,
आपको शर्म नहीं आती ऐसी बात करते
कहकर झल्लाते हुए टेलीफोन रख देती है

टेलीफोन की घंटी फिर बजती है
वह फिर टेलीफोन उठाती है
उधर से कही जा रहीं वही बातें सुनकर
वह गुस्से से भर उठती है
और फोन पर चीखते हुए कहती है
क्या तुम्हारे घर में माँ-बहन नहीं है
बदतमीज कहीं के और टेलीफोन रख देती है

कुछ देर बाद टेलीफोन की घंटी फिर घनघनाती है
वह कुछ देर तक खड़े-खड़े सोचती है
और फिर टेलीफोन उठाती है
उधर से फिर वही आवाज और बातें सुनकर
जरा अपना नाम तो बता
पूछते हुए बुरी तरह चिल्लाकर
टेलीफोन पटक देती है

कुछ समय बाद फिर टेलीफोन की घंटी बजती है
इस बार वह फोन नहीं उठाती

फिर लगतार घंटी बजती जाती है
वह टेलीफोन उठाती ही नहीं

दफ्तर से लौटा पति अपने जूते उतारते हुए
उससे पूछता है क्या हुआ
आज मेमसाहब घर पर नहीं थीं क्या
मेरी उँगलियाँ लगातार फोन से जूझती रहीं
जाती रही घंटी
किसी ने फोन ही नहीं उठाया
वह पति के सामने चाय और घटना
दोनों साथ-साथ रखती है
कौन हो सकता है ऐसा
हाथ से छूटकर
चाय में डूबे बिस्कुट की तरह
पति सोच में डूब जाता है

रात बिस्तर पर पत्नी का सिर
अपनी गोद में रखकर उसके बालों में
उँगलियाँ फेरते हुए पति पत्नी से कहता है,
चलता है यार कुछ लोग होते हैं
जिन्हें ऐसा करने में मजा आता है
और तो ठीक है चलो मान लिया
दिन-भर आज तुम परेशान रहीं
मगर यह तो बताओ
उसने टेलीफोन पर तुमसे कहा क्या-क्या ?

स्तन

इच्छा होती तब वह धँसा लेता उनके बीच अपना सिर
और जब भरा हुआ होता तो उनमें छुपा लेता अपना मुँह
कर देता उन्हें अपने आँसुओं से तर

वह उससे कहता तुम यूँ ही बैठी रहो सामने
मैं इन्हें जी भर के देखना चाहता हूँ
और तब तक उन पर अपनी आँखें गड़ाए रहता
जब तक वह उठकर भाग नहीं जाती सामने से
या लजाकर अपने हाथों में छुपा नहीं लेती उन्हें

अन्तरंग क्षणों में उन दोनों को
हाथों में थामकर वह उससे कहता
ये दोनों तुम्हारे पास अमानत हैं मेरी
मेरी खुशियाँ, इन्हें सँभालकर रखना

वह उन दोनों को कभी शहद के छत्ते
तो कभी दशहरी आमों की जोड़ी कहता
उनके बारे में उसकी बातें सुन-सुनकर बौराई
वह भी जब कभी खड़ी होकर आगे आईने के
इन्हें देखती अपलक तो झूम उठती
वह कई दफे सोचती इन दोनों को एक साथ
उसके मुँह में भर दे और मूँद ले अपनी आँखें

वह जब भी घर से निकलती इन दोनों पर
डाल ही लेती अपनी निगाह ऐसा करते हुए हमेशा

उसे कॉलेज में पढ़े बिहारी आते याद
उस वक्त उस पर इनके बारे में
सुने गए का नशा हो जाता दो गुना

वह उसे कई दफे सबके बीच भी उनकी तरफ
कनखियों से देखता पकड़ लेती
वह शरारती पूछ भी लेता सब ठीक तो है
वह कहती, हाँ, जी हाँ
घर पहुँचकर जाँच लेना

मगर रोग, ऐसा घुसा उसके भीतर
कि उनमें से एक को लेकर ही हटा देह से
कोई उपाय भी न था सिवा इसके
उपचार ने उदास होते हुए समझाया

अब वह इस बचे हुए एक के बारे में
कुछ नहीं कहता उससे, वह उसकी तरफ देखता है
और रह जाता है, कसमसाकर
मगर उसे हर समय महसूस होता है
उसकी देह पर घूमते उसके हाथ
क्या ढूँढ़ रहे हैं, कि उस वक्त वे
उसके मन से भी अधिक मायूस हैं

उस खो चुके के बारे में भले ही
एक-दूसरे से न कहते हों वह कुछ
मगर वह, विवश, जानती हैं
उसकी देह से उस एक के हट जाने से
कितना कुछ हट गया उनके बीच से

(संगीता रंजन के लिए जिसे छाती के कैंसर की वजह से अपना एक स्तन गँवाना पड़ा।)

संख्या

जिसका फोटो मेरे साथ घर की बैठक में लगा है
उस पर मेरे हाथ ने आज तक उठने की हिम्मत नहीं की
लेकिन जिसने मेरी तरह एक ही कोख से लिया जन्म
उसकी पीठ पर वहाँ हर रोज-नीले निशान बनते और बिगड़ते हैं
दुनिया की उन चार करोड़ स्त्रियों में शामिल है वह
जिन्हें उनके घरों में हर रोज पीटा जाता है

चार करोड़ स्त्रियों में उसकी क्रम-संख्या कौन सी होगी
पहली दसवीं सौवीं हजारवीं या फिर चार करोड़वीं
या फिर बीच की संख्या कोई, या हो सकता है
सही न हो यह अनुमान, और आँकड़ा इससे भी हो ऊपर
उसका क्रमांक चार करोड़वीं महिला से भी हो अधिक,
या फिर वे सबकी सब आपस में गडमड उनमें
न कोई पहली न आखिरी सब एक संख्या हों चार करोड़

किसी रोज इस पृथ्वी के किसी एक हिस्से पर
इकट्ठी हो जाएँ वे सारी चार करोड़
और उनके साथ-साथ वे भी जो छूट गईं इस आँकड़े से
और वे वहाँ शुरू कर दें एक साथ विलाप
और कहें यही हमारा सविनय अवज्ञा आन्दोलन
यही हमारा विरोध मार्च और यह नारा दुष्टो दुष्टता छोड़ो

डरता हूँ जिसे मैंने घर से किया विदा
कहीं वह इन चार करोड़ से निकलकर
दुनिया-भर की उन पाँच करोड़ महिलाओं में

न हो जाए शामिल जो कि लापता हैं
आखिर वे सब भी तो इसी झुंड से निकलकर,
गई होंगी उस झुंड में

चार करोड़ पिटनेवाली महिलाएँ
पाँच करोड़ लापता हो चुकीं महिलाएँ
नौ करोड़ की यह संख्या
कोई छोटी संख्या नहीं
आप इसे अपने सामने रखकर तो देखिए

अबोला

उन दोनों के बीच ऐसा-वैसा कुछ भी नहीं है
दोनों आपस में अच्छे मित्र हैं बस
एक-दूसरे के पास उपलब्ध समय के
छोटे-बड़े हिस्से वे आपस में बाँटते आए हैं
वे दोनों दफ्तर में काम करते हैं
मगर इन दिनों उन दोनों में अबोला है

वह आती है और उसकी तरफ देखे बिना
अपनी सीट पर जाकर बैठ जाती है
वह भी उससे अपनी तरफ से कोई बात नहीं करता
और सामने पड़ने पर वे एक-दूसरे को
अपने-अपने फूले हुए मुँहों से देखते हैं

ऐसा पहले भी कई दफे उनके बीच हो चुका है
पहले भी वे कई दफे जरा सी बात पर
या बे बात भी भुकरकर एक-दूसरे के आगे
अनजानों जैसा बर्ताव करते आए हैं
पहले भी उनके बीच का ये अबोला टूटता आया है

पिछला उनकी दोस्ती के इतिहास का
सबसे लम्बे समय तक चला अबोला था
एक दिन के बुखार ने खुद के
टूटने से पहले जिसे तोड़ दिया था

देखना है उनके बीच यह इस बार

अपना ही पिछला कीर्तिमान तोड़ता है
या उससे पहले ही कोई वजह
उन दोनों के बीच आकर इसे तोड़ती है

एलबम

उस अकेली वीरान औरत के पास
जिसे हम बूढ़ी माँ कहकर बुलाते हैं
एक एलबम है

उसके घर की तरह पुरानी, मैली
और लगातार फटती जा रही है एलबम
जिसे वह यूँ ही किसी को नहीं दिखाती
रखती है सन्दूक में सँभालकर

मगर जब भी एलबम खुलती है
वह निर्जन औरत खुलती है
खुलता है उसका भयावह सूनापन

उस औरत का दिल सीने में नहीं
सन्दूक में बन्द एलबम में धड़कता है

स्पर्श जो किसी और को सौंपना चाहती थी वह

जितनी खामोश वह उतना ही शान्त एक चेहरा
लेता जा रहा उसके भीतर आकार

सहेलियों से घिरी वह सोचती जब मैंने बचा ही लिया
किसी के जादुई स्पर्श से खुद को
तब मैं आराम से तैरूँगी किसी की मीठी झील में,
वह सोचती कैसे बच गई मैं बिना संग के
जबकि मेरी साथिनों ने बाँट लिए क्षण-विरल

वह सोचती कितना गजब यह किन्हीं हाथों ने
छुआ तक नहीं उसे, भला कोई मानेगा
मगर यह सच जानती वह ही, सुनकर
मन ही मन उसे झूठा कहती सहेलियाँ
दवा लेतीं दाँतों तले उँगलियाँ
जब वह बतलाती कि उसे दिखाकर फेंका गया
पत्थर से लिपटा ऐसा कोई खत नहीं
छोटे-से उसके जीवन में जिसे उठाने
अकेली गई हो वह घर की छत पर

ऐसा नहीं कि वह भीतर से सूखी थी
या अब तक झरना नहीं फूटा था उसके भीतर
या पानी ने शुरू नहीं किया था उसे परेशान करना
या उसे स्वप्न नहीं आते थे, या पसन्द नहीं थे उसे गीत
वह भी सबकी तरह अकेले में खुद को
देर तक निहारती थी और लजाते हुए

खुद को हाथों से ढाँप लेती थी

जब कोई उसे भी कुहनियाँ जाता वह भी
गुस्से या हँसी को अपने भीतर दबा जाती
सबकी तरह देह को नजरों से बचा पाना
उसके भी लिए असम्भव था सो वह लगातार
अपनी नजरों को बचाती, और जब तक कोई उसकी
चालाकी समझ पाता वह फिसल जाती अपने पानी में

हालाँकि खुद को प्रेम से बचाने की कोई
निश्चित योजना नहीं थी उसकी लेकिन वह बची हुई थी
सो बची हुई थी और अपने नशे में चुप थी
सब सोचते बड़ी हो रही है कोई तो होगा ?
सबके साथ वह भी सोचती कहीं कोई तो होगा
और जो होगा उसका चेहरा भी होगा एक
अभी तो वह उसके भीतर बे-चेहरा था,

वह कम बोलती लेकिन उससे करने के लिए
वह लगातार अपने भीतर ढेर सारी बातें
करती जा रही थी जमा, उसे अपने रंग में रँगने के लिए
रंगों में रंग मिला-मिलाकर बनाती जा रही थी
नए-नए रंग, उस पर झुक जाने के लिए पेड़ों पर
पत्तियों की शक्ल में उगाती जा रही थी स्वप्न

मगर बाहर खुद को महफूज मानती वह
नहीं रख सकी खुद को घर में महफूज
जिनके बारे में वह कभी सोच भी नहीं सकती थी
ऐसे दो हाथ अचानक आए
और आकर छेड़ गए उसके तारों को
किसी के लिए प्रतीक्षारत उसके भीतर की
साफ-सुथरी दुनिया को कर गए अस्त-व्यस्त
अनचाहे ही उसके भीतर आकार ले रहे

एक चेहराविहीन चेहरे पर आकर चिपक गया एक चेहरा

वह स्पर्श जो किसी और को सौंपना चाहती थी वह
उस पर फेर गया अपनी खुरदुरी उँगलियाँ

बीजने

इस बीच सब इन्हें भूल जाते हैं

किसी को याद नहीं रहता
सींकों पर पुराने कपड़ों
और रंगीन धागों की कारीगरी
घर में किस जगह रखी है

कोई नहीं बता पाता
खजूर के पत्तों में बसे
ठंडी हवा के झोंके
किस कोने में पड़े हैं घर के

पर ज्यों ही मौसम की देह
दहकना शुरू होती है
माँ इन्हें बाहर निकालती है
और कहती है
क्या भरोसा बिजली का

एक स्त्री मेरे भीतर

एक स्त्री मेरे भीतर दीवार से पीठ टिकाए खड़ी है उदास
वह मेरे भीतर ही रहती है हमेशा
भीतर ही बुदबुदाती है रोती है भीतर ही
भीतर ही अपनी खामोशी बिछाकर चुपचाप लेट जाती है

किसी जरा सी बात पर हो उठती है वह द्रवित
कोई बात जरा से में भर देती है उसकी आँख
किसी बात पर सुबकने लगती है वह
किसी बात पर हिचकियाँ भरते हुए करने लगती है विलाप

वह उसी तरह कराहती है मेरे भीतर जैसे मेरे जन्म के बाद
एक-एक कर चार लड़कियों को जन्म देकर
अपनी देह में जड़ें जमा चुके रोग से लड़ते हुए मेरी माँ
बिस्तर पर पड़े-पड़े मृत्यु से पहले जीवन के लिए कराहती थी

वह उसी तरह अपने को करती है अपमानित महसूस
जैसे सामूहिक बलात्कार के बाद एक स्त्री
अकेले में अपनी देह के बारे में सोचती है
और खुद के प्रति गुस्से और घृणा से भर उठती है

वह उसी तरह तिल-तिल मरती है मेरे भीतर
जैसे पति की मृत्यु के बाद एक स्त्री की आँख से
हमेशा के लिए खदेड़ दिया जाता है पुरुष का चेहरा
और एक चेहरा विहीन पुरुष लगातार
उसके अँधेरे में उतरकर लूटता है उसे बर्बर

वह उसी तरह मेरे भीतर खीजती है
जैसे खूँटे पर बँधे-बँधे एक स्त्री
अपने सपनों को सड़ता हुआ देखती है
और सलाखों को अपने दाँतों से काटने की करती है कोशिश
आधी रात को आकाश उसकी नींद में
विषैला होकर बरसता है निरन्तर

वह मेरे भीतर उसी तरह खाली हाथ रहती है
जैसे खाली हाथ बाहर दुनिया की सारी स्त्रियाँ
उसे इस तरह रहता देख लगता है जैसे
उसने अपने बदन पर जो कपड़े पहन रखे हैं
वे कपड़े भी न हों उसके, उसने जो चप्पलें पहन रखी हैं
अपने पैरों में, वे भी न हो उसके नाप की

वह जो मेरे भीतर बैठी है, मुँह सिए चुपचाप
किसी दृश्य के लिए मुझे मानते हुए जिम्मेवार
होते हुए चाहती है देखना मेरे साथ संगसार
किसी घटना के लिए वह थूकना चाहती है मेरे मुँह पर
किसी अन्याय के लिए चढ़ा देना चाहती है मुझे वह फाँसी

उसकी जिद : छह कविताएँ

एक

जूते से निकलकर एड़ी ऐसी टूटी कि नहीं बची
जुड़ने लायक फिर से
कोई था भी नहीं वहाँ जोड़ देता जो उसे
अब मेरे पैर में एक जूता एड़ीवाला था
और एक बिना एड़ीवाला

जब मैं खिसिया कर बैठ गया एक तरफ
तब वह उठी और उसने अपने चप्पलों में से
एक की एड़ी तोड़कर निकाली
और उसे मेरे बिना एड़ीवाले जूते में लगाकर लगी देखने
मैंने उससे कहा ये तुम क्या कर रही हो
तुम सुनती क्यों नहीं मेरी बात

फिर उसने एक-एक कर चप्पल से
निकली हुईं पुरानी कीलों के टेढ़ेपन को किया ठीक
और अपनी चप्पल की एड़ी को
जूते में जोड़कर कर दिया उसे तैयार

मेरे पैरों में अब एड़ीदार जूते थे और उसकी स्थिति
अब मेरे जैसी थी एक पैर में बिना एड़ीवाली चप्पल
फिर उसे न जाने क्या सूझा उसने अपने
दूसरे पैर की चप्पल की भी एड़ी निकाली
और ठीक वहीं उछाल दी जहाँ

मेरे जूते की टूटी हुई एड़ी पड़ी थी

और ऐसा करके वह इतना खुश थी कि बार-बार
मुझे बता रही थी कि वह इस वक्त जमीन पर
बिना एड़ीवाली चप्पल के चल नहीं रही बल्कि फिसल रही है

दो

हेंड बैग को एक तरफ रखते हुए वह बोली
मैं इस बारिश को अपने बैग में भर लेना चाहती हूँ
मैंने कहा बिल्कुल तुम्हें किसने रोका है
उसने कहा नहीं तुम्हारे साथ भीगते हुए
इस बैग में बारिश को भरना चाहती हूँ मैं

मैंने देखा बाहर धूप खिली हुई थी
मुझे उस पर हँसी आई लेकिन वह नहीं मानी
और मुझे खींचती हुई बाहर ले आई
कुछ देर मैं हँसता रहा उस पर
मगर धीरे-धीरे मुझे महसूस हुआ
जैसे मैं सचमुच बरसात में खड़ा हूँ
और भीग रहा हूँ बारिश में
और वह तो भीगने में मगन थी ही

फिर हम दोनों देर तक बारिश में भीगते
और अपने हाथों से उसे बैग में भरते रहे
फिर हम बैग और खुद को तर-बतर लिए पानी से
लौट आए भीतर, भीतर आकर
सबसे पहले उसने अपने बालों का पानी झटका
और मैंने हथेलियों से अपने गीले मुँह को किया साफ

यह सुनकर किसी को भी आश्चर्य हो सकता है
कि मैंने इस तरह कितनी ही दफे उसकी जिद पर

उसके बैग में भरा ऐसी बारिश को
जिसका दूर-दूर तक नामो-निशान नहीं था कहीं

सिर्फ भरा ही नहीं कई दफे तो मैंने
बचाकर उसकी आँख उसके बैग में भरे हुए पानी को
सूखे से जूझते पड़ोसी देश में उलट भी दिया

तीन

तुम अपने आपको समझते क्या हो
पीछे से कमर को जोर से पकड़ते हुए उसने पूछा
मैंने उत्तर दिया तुम्हारा प्रेमी

नहीं नहीं तुम मुझे सच-सच बताओ
तुम अपने आपको क्या समझते हो
कहा न तुम्हारा प्रेमी मैंने दोहराया

कैसे मान लूँ तुम मेरे प्रेमी हो
मुझे सच्चा प्रेम करते हो
बात खींचते हुए उसने कहा
मैंने पूछा अच्छा तुम्हीं बताओ मैं तुम्हें
किस तरह बताऊँ कि मैं तुम्हें प्रेम करता हूँ

मैं नहीं मानती कि तुम मुझे प्रेम करते हो,
अच्छा एक काम है जिसे तुम इसी वक्त कर सको
तो मुझे लगेगा तुम मुझे प्रेम करते हो
मैंने कहा बताओ मुझे क्या करना है

तुम इसी तरह मोटर साइकिल को चलाते हुए
पीछे मेरे होंठों को चूमकर दिखाओ तब मानूँगी
मैंने कहा नहीं ऐसा नहीं हो सकता
उसने कहा ठीक, गाड़ी रोको, मुझे उतारो

मैंने कहा ठीक चलो कोशिश करके देखता हूँ
फिर मैंने जैसे ही उसके होंठों को चूमने के लिए
अपने सिर को घुमाया पीछे की तरफ
वह चीखते हुए बोली क्या करते हो
मरना चाहते हो क्या, क्या मेरे कहने पर कुएँ में कूद जाओगे
कोई जरूरत नहीं कुछ करने की
मैं जानती हूँ मुझे बेहद प्यार करते हो

चार

अच्छा बताओ तो सही आज मैं इतनी खुश क्यों हूँ
मैंने कहा, मुझे क्या पता इस बारे में
मैं किसी के मन की थोड़े ही जानता हूँ

नहीं, उसने ठुनकते हुए कहा, बताओ
आज मैं इतनी खुश क्यों हूँ
मेरे मन में क्या है यह तुम क्यों नहीं जानते
फिर मेरे मन में क्या है ये तुम नहीं जानोगे तो कौन जानेगा

मैंने कहा अच्छा ठहरो, मैं अन्दाज लगाता हूँ
मैं देर तक सोचता रहा
जब कुछ समझ में नहीं आया तो हार मानते हुए
मैंने कहा उससे, नहीं यार, तुम्हारी खुशी का कारण
नहीं ढूँढ़ पा रहा हूँ मैं
मगर तुम इस तरह खुश अच्छी लग रही हो मुझे

नहीं बताओ, आज क्या कारण है जो इतनी खुश हूँ मैं
उसने मेरे काम में बाधा पहुँचाते हुए कहा
मैंने हल्का-सा खीजते हुए जवाब दिया क्या बताऊँ तुम्हें
जब मुझे कुछ सूझ नहीं रहा तो
होगा कोई कारण तुम्हारी खुशी का

बड़े आए कुछ सूझ नहीं रहा
होगा कोई कारण कहनेवाले
क्यों नहीं सूझ रहा तुम्हें कुछ
चलो मैं ही बताती हूँ तुम्हें
कोई कारण नहीं मेरी खुशी का, बस,
मैं आज खुश हूँ तो खुश हूँ

मगर मैं इतना जरूर चाहती हूँ कि तुम मेरी
आज की इस खुशी को कोई नाम जरूर दो

पाँच

किसी बात पर नाराज वह बैठी सामने
मैंने घबराहट छुपाते हुए अपनी उससे पूछा
कोई ऐसी-वैसी बात
उसने अपना सिर न में हिला दिया

वह देर तक उसी तरह बैठी रही
मैं उससे देर तक वजह पूछता रहा
मगर मैं जानता था कहीं-न-कहीं कुछ है

काम बन्द करते हुए मैंने उससे पूछा
अच्छा चलो चाय पीकर आते हैं
वह बैठकर चुपचाप चाय पीती रही
मैंने पूछा कुछ खाओगी उसने कहा नहीं

मैं लगातार उसे कुछ-न-कुछ बताता रहा
वह लगातार बिना कुछ बोले अपना सिर हिलाती रही
जब असहनीय हो गया मेरे लिए सब
मैंने खिसियाते हुए कहा आखिर बात क्या है
कुछ तो बोलो ऐसा कैसे चलेगा

अच्छा मैं चलती हूँ कहकर वह जाने लगी उठकर
अब यह पीड़ादायक था मेरे लिए
मैंने रास्ता रोकते हुए उसका उससे कहा
पहले बात बताओ तब जाने दूँगा

क्या फायदा बताने से वह बोली
तुम्हें कुछ याद भी रहता है
मैंने तुमसे कहा था न
आज लाल रंग की शर्ट पहनकर आने के लिए
उसका क्या हुआ भूल गए
चलो हटो मुझे जाने दो

छह

कुछ याद आते ही वह मेरी बात काटते हुए बोली
पहले मेरी बात सुनो
मैं तुम्हें कुछ बताना चाहती हूँ
कल रात मैंने एक सपना देखा उस बारे में

वह बोली मैंने देखा मैं गेंद हो गई हूँ
और तुमने मेरी जिद पर उछाल दिया है मुझे आकाश में
वहाँ पहुँचकर इधर-उधर ढरक रही हूँ मैं
कभी किसी तारे से टकराती हूँ तो कभी किसी ग्रह से
और चाँद तो पीछे ही पड़कर रह गया है मेरे

मैं ऊपर से तुम्हें धरती पर आकाश की तरफ
मुँह करके खड़े मुझे खोजते देख पा रही हूँ
मैं तुम्हें आवाज दे-देकर बुला रही हूँ
मगर तुम नहीं सुन पा रहे हो मुझे

अचानक चाँद ने रोक लिया है मेरा रास्ता
मुझसे करने लगा है प्रणय-निवेदन

मैं घबरा रही हूँ
मैं किसी भी तरह उससे बचकर
तुम्हारे पास पहुँचना चाहती हूँ
अब तुम बताओ, मेरे सपने में आगे क्या हुआ होगा
उसने हँसते हुए मुझसे पूछा,
मैंने कहा मुझे क्या पता

फिर वह बोली–
जब मुझे कोई रास्ता न सूझा उससे बचने का
तब मैंने चाँद को धरती पर तुम्हें दिखाते हुए कहा
वो देखो, वो नीचे, जो मुझे खोज रहा है
मुझे लगता है वह तुमसे भी ज्यादा ताकतवर है
उसी ने एक झटके में मुझे उछालकर यहाँ पहुँचा दिया
क्या तुम मुझे उसी की तरह एक बार में
नीचे धरती पर उछाल सकते हो

कितना मूरख था चाँद जो उसने भी
वही गलती दोहराई जो तुमने
सोचा न समझा तुम्हारी तरह उसने भी
उछाल दिया मुझे धरती पर

फिर उसने भर्राती हुई आवाज में कहा
सुनो मैं चाहे कितनी भी जिद करूँ तुमसे
तुम मेरी एक न मानना जरूरी नहीं कि चाँद
हर बार ही मेरे कहने पर मूर्खता करे

दरअसल उसे समझना खुद को समझना है

हम दोनों के अलावा उस कमरे में कोई और न था
हम दोनों एक-दूसरे के सामने बैठे थे
और चुरा रहे थे एक-दूसरे से नजरें
जबकि हमें चढ़ने लगी थी फिर भी
हमारे बीच उभर आया विषय हमें एक-दूसरे के आगे
झेंपने के लिए कर रहा था विवश

प्लेट से मूँगफली के दाने उठाकर मुँह में डालते हुए
मैंने उससे कहा आखिर तुम इस बात को क्यों जानना चाहते हो
इस बारे में मुझे कहाँ से पता चला
तुम यह समझते हो कि इस बारे में अब तक
किसी को कुछ पता नहीं तो मैं कहूँगा
एक बार फिर गलती पर हो तुम मेरे अलावा कुछ लोग
और भी हैं जो अच्छी तरह जानते हैं इस बारे में

तुम्हारी बात मान ली, कि तुमने, कोई कसर नहीं की
उसे प्यार करने में, कई लड़कियों के बीच से चुनकर लाए तुम उसे
और सब भाग-दौड़ भी तुम उसी के लिए करते हो
तुम्हारे और उसके बीच सब अच्छा-अच्छा है
फिर उसे क्या सूझी यह सब करने की,
इस मामले में तो यही कहा जा सकता है
सब कुछ अच्छा होने का मतलब
सब कुछ मन का नहीं हो जाता
इच्छाओं की चिड़िया भी तो भीतर चहचहाती है

इच्छाओं की तितलियों के पीछे भागने में
हम खुद क्या किसी से कम हैं, इस मामले में
हमें एक-दूसरे से बेहतर कौन जानता होगा
क्या हम अब भी उनके कोमल परों से खेलने से चूक जाते हैं
अपनी पसन्द के चयन और संग के बावजूद
क्या अब भी हमारे हाथ पैर नहीं फड़कते

पैग बनाओ और मेरा थोड़ा छोटा ही रखना
तुम भले ही उसे गलत कहो मुझे तो नहीं लगता
तुम्हारी पत्नी ने कोई गलती की है
वह भी अपनी इच्छाओं के जल में बहकर
दूर तक जा सकती है
वह भी सब कुछ अच्छे के बावजूद
अच्छे को एक तरफ उठाकर रखते हुए
अपनी इच्छा को प्राथमिकता दे सकती है
खुद के सामने खुद ही को कर सकती है खड़ा,
लगता है वही उसने किया भी है

एक बात बताओ जीवन के सबसे रंगीन इस रास्ते पर
जिस पर एक स्त्री का भी उतना ही हक
जितना कि हमारा, चलते हुए हम
यह जानने की कोशिश क्यों नहीं करते—
एक स्त्री आखिर कैसा पुरुष चाहती है
वह एक ही पुरुष में पति और प्रेमी दोनों चाहती है
या वह पति और प्रेमी दो अलग-अलग पुरुष चाहती है

वे शादी शुदा स्त्रियाँ जो होटलों के कमरों
दफ्तर के बाथरूमों और मित्रों के फ्लैटों में मिलती हैं हमसे
क्या। वे हमारी पत्नियों जैसी स्त्रियाँ नहीं
क्या उनके पति और हम प्रेमी अलग-अलग पुरुष नहीं
वे जब मिलने आती हैं हमसे उस वक्त वे हमें और हम उन्हें
किस कदर पसन्द करते हैं, बुरी तरह टूट पड़ते हैं एक-दूसरे पर

जबकि उनके और हमारे पास सब कुछ अच्छा-अच्छा है

दरअसल उसे समझना खुद को समझना है
इस बात का कोई अर्थ नहीं कि तुम्हीं–
इसके शिकार क्यों हुए मैं तुम्हीं से पूछता हूँ
तुम्हें ही इस सब का शिकार क्यों नहीं होना चाहिए था

भले ही तुमने उसे रँगे हाथों पकड़ा हो भले ही वह
तुम्हारे पीठ फेरते ही किसी की आँखों में
रंगों की तरह बिखरती रही हो, खिलती रही हो
किसी के पहलू में चमकीले तारे की तरह
उसे समझने के लिए उसका यह जवाब ही काफी है

मैं नहीं जानती मैंने यह सब क्यों किया
ना ही तो मैं तुमसे ईर्ष्या करती हूँ
ना ही तुम मुझे ना पसन्द हो
यह भी सच है कि सबसे पहले मैं तुम्हें ही प्यार करती हूँ
सबसे पहले मैं तुम्हारे ही प्रति जिम्मेवार हूँ
और ये बात तो मैं उससे भी कहती आई हूँ
मैं भले ही अपने आपको तुम्हें खुशी-खुशी सौंप देती हूँ
लेकिन जहाँ तक उनका सवाल है
मुझ पर पहला हक तो उन्हीं का है

प्यार में डूबी हुई माँ

मैं दुनिया की सबसे खुशनसीब लड़की हूँ
वो इसलिए कि मेरी माँ इन दिनों
अपने पुरुष मित्र के प्यार में डूबी हुई है
और मैं उन्हें आपस में एक-दूसरे को
चुपके-चुपके प्रेम करते हुए देखती हूँ

पिता, तुम्हारे जाने के बाद, कितने बरस,
कितनी अकेली, कितनी उदास रही माँ
तुम इस तरह कैसे छोड़कर चले गए उसे
क्या तुम्हें माँ से अधिक प्यार नहीं था
क्या तुम्हें माँ से अधिक प्यार नहीं था
क्या इस दुनिया में मेरी माँ से खूबसूरत कुछ और भी है
मैं दावे के साथ कह सकती हूँ
मेरी माँ दुनिया की सबसे खूबसूरत औरत है
और तुम्हें तो समय ने यह खजाना
यूँ ही सौंप दिया था फिर तुम्हें क्या हुआ
जो तुम इस दूध, शहद, चन्दन, फूलों और पवित्रता के
मिश्रण से बनी जन्नत को चले गए छोड़कर

माँ की देह के वेग उसकी कामुक चंचलता
और संसर्ग-संयम के बारे में
तुमसे बेहतर कौन जानता होगा
क्या तुम्हें जीते जी कभी नहीं लगा कि तुम्हारे बाद
कितना कठिन होगा इस नदी को बाँध पाना
कि तुम कितने सम्पन्न थे

और कितनी विपन्न बना गए उसे एक दिन

माँ तो भूल चुकी थी सारे रंग
उसे चटख दिखाओ तो वह उसे फीका बतलाती
मीठा खिलाते तो उसे कड़वा कहकर उलट देती
गीत सुनते ही रख लेती कानों पर हाथ
कहीं आती-जाती तो छीलती हुई अपनी आँखों से सड़क

फिर एक दिन माँ की अँधेरी दुनिया में
रोशनी की एक छोटी सी तीली जली
जो देखते-देखते माँ के समय के साथ-साथ
उस कमरे में भी सूरज की तरह फैल गई
जिसकी एक दीवार पर फूलों से सजी
तुम्हारी बाईस साल पुरानी तस्वीर टँगी है

अब तुम्हें वाकई नहीं मालूम पिता कि माँ
इस उम्र में कितनी खूबसूरत देती है दिखाई
और प्रेम करती हुई माँ को देखती
मैं क्यों न फिरूँ बौराई
प्रेम करती हुई माँ इन दिनों
बिल्कुल मुझ जैसी लगने लगी है
जैसे मेरी स्कूल की कोई सहेली
शरारती चंचल और हँसमुख

इन दिनों उसे देखकर लगता ही नहीं
कि यह औरत तुम्हारी विधवा है
इन दिनों मैं उसे प्रेम करते ही नहीं
अपने प्रेम को छिपाते और बचाते भी देख रही हूँ
और देखो तो सही वह मेरे सामने
ऐसा अभिनय करती है जैसे मुझे उसके
प्रेम के बारे में कुछ पता ही नहीं है

इस जबरन लिख दिए गए को ही

घर चाहता है इस बारे में
किसी से कुछ नहीं कहा जाए
जहाँ तक सम्भव हो
अपने आपसे भी
नहीं किया जाए इसका जिक्र

इस सम्बन्ध में कुछ कहने से
कुछ नहीं होनेवाला,
इससे तो बेहतर है
स्लेट पर इस जबरन लिख दिए गए को ही
मिटाने की की जाए कोशिश

इससे अच्छा और क्या होगा
इसने इस बारे में अब तक
किसी को कुछ नहीं बताया
चुपचाप चली आई
किसी ने देखा भी नहीं कुछ होते

किसी को कुछ पता ही नहीं चलेगा
तब काहे का बलात्कार ?
कैसा बलात्कार ??
कब, किसके साथ बलात्कार ???
धीरे-धीरे सब ठीक हो जाएगा
देह से मिट जाएँगे
खरोचों के निशान

आँखों से लगातार ओझल
होता जाएगा वह कामान्ध चेहरा

घर चाहता है वह अपना घाव
किसी को नहीं दिखाए
पोंछ ले अपने आँखें
अच्छी तरह धो ले योनि
कुछ दिन नहीं निकले घर से
रही बलात्कारी की बात
उसे दंड देने के लिए ईश्वर है न

स्त्री-सुबोधिनी

हमें अपने इकलौते लड़के के लिए एक ऐसी बहू चाहिए
जो दुनिया की सबसे अच्छी बहू हो और उसे ये बात
कि वह दुनिया की सबसे अच्छी बहू है पता न हो

जिसे बोलना भले ही आता हो मगर हो वह गूँगी
'न' इस शब्द को वह पहचानती ही न हो
और 'हाँ' उसकी जुबान पर दरवाजे के बाहर
हाथ बाँधे खड़े नौकर की तरह रहता हो खड़ा

जिसके दोनों पैर तो साबुत हों मगर हो वह लँगड़ी
न वह चलना जानती हो न दौड़ना
नाचना तो उसे बिलकुल न आता हो
और गुस्से में पैर पटकते तो उसने किसी को देखा ही न हो

जिसके कान भले ही हों मगर उसे सिर्फ
हमारे घर के लोगों की आवाज के
बाहर की कोई आवाज सुनाई न दे
आँखें होने पर उनसे दूर तक देखने लायक होने के बाद भी
उसकी घर से बाहर देखने की इच्छा ही न हो

जिसके पास डिग्रियाँ तो खूब हों
लेकिन वह पढ़ी-लिखी न हो जरा भी
दस्तखत करने के नाम पर वह आगे कर देती हो
अपने हाथ का स्याही लगा अँगूठा
और अपनी डिग्रियों को महज कागज के टुकड़े मानकर

छोड़ आए पिता के घर अपने

ऐसी कि सब उसे देखते रह जाएँ और हमसे बार-बार कहें
अपने लड़के के लिए क्या बहू ढूँढ़कर लाए हैं आप
लेकिन वह न तो अपनी खूबसूरती बार-बार
आईने में देखती हो और नहीं खुद को हमारे घर की
साधारण से चेहरेवाली लड़कियों से अधिक सुन्दर मानकर चले

जिसके पिता के घर के लोग
हमारे घर को समय से बढ़कर
और सच से अधिक मानकर चलें
और यह बात बार-बार कहते रहें
आपके घर में अपनी लड़की देकर धन्य हो गए हम
हम तो इस लायक थे भी नहीं

जिसे रोना बिलकुल न आता हो
चीखना तो वह जानती ही न हो
और उसकी पीठ ऐसी हो कि उस पर उभरते ही न हों नीले निशान
उसके गालों पर छपती ही न हों उँगलियाँ
और वह पिटते समय बिलखती नहीं, हँसती हो

चेहरे से जिसके पीड़ा झलके नहीं
दुःख दिखाई न दे जिसकी आँखों में
बातों में जिसकी कष्ट बजें नहीं

जिसे हमें ढूँढ़ने कहीं जाना न पड़े उसका पिता
नाक रगड़ता निहोरे करता हमारे घर आए
और हम उस पर करते हुए एहसान
बहू के रूप में उसकी बेटी को अपने बेटे के लिए रख लें

तुम जिसे प्रेम कर रही हो इन दिनों

तुम्हें पता है, इन दिनों तुम जिसे प्रेम कर रही हो
उसकी जाति क्या है

जिसे तुम अपना सब कुछ सौंपती जा रही हो लगातार
क्या तुम उसकी इस बात का मर्म समझती हो
जो वह तुमसे कहता है हर बार
एक बात जो मैं तुम्हें अपने बारे में बता नहीं रहा हूँ
मैं उसे तुमसे छुपा नहीं रहा
बल्कि मैं उसे तुम्हें बताना नहीं चाहता हूँ
वह बात उसकी जाति को लेकर है

तुम्हारा प्रेम है कि उसने तुम्हें इस बात पर कभी
ध्यान नहीं देने दिया कि क्यों ऐसा होता है जब भी
जाति को लेकर सबके बीच कोई कोई बात चलती है
वह चुप बना रहता है
अपनी जाति को लेकर नहीं करता कोई बात
और वह यह भी चाहता है जितनी जल्दी हो
बदले उसके लिए कष्टप्रद यह विषय

जब तुम छोटी जातियों को लेकर घृणा उगलती हो
वह तुमसे अपनी आँखें चुराने लगता है
क्यों वह अपनी जाति को लेकर तुम्हें
तपाक से कोई उत्तर नहीं देता
तुम्हारे आगे क्यों टाल जाता है वह
अपनी पहचान का उल्लेख

यह बात जिसे इस भय से कि वह
किस जाति का है जानकार छोड़ न दो तुम उसे
बताना चाहते हुए भी नहीं बता पा रहा है तुम्हें
बताना चाहता हूँ मैं

तुम जो उसे छोड़ने को तैयार नहीं कतई
तुम जो उसके साथ बिताना चाहती हो जीवन
तुम जो उसे अपने प्रति मानती हो सबसे संवेदनशील
मुझे नहीं लगता उसकी असलियत जानकर
उसकी ओर वह बहाव रह पाएगा तुम्हारा
जो अभी है तुम्हारे भीतर अपार

उसकी जाति उसकी जाति उसकी जाति
यह शोर कान पका डालेगा तुम्हारे
उसकी जाति की तरफ हमेशा तनी रहनेवाली उँगली
अपनी आँखें बन्द कर लेने के लिए कर देगी तुम्हें विवश
और यह सब तुम्हारे द्वारा उनकी पसन्द के पुरुष के
न चुन पाने की वजह से नहीं
उसकी छोटी जाति का होने की वजह से होगा

पता नहीं ये बातें सुन-सुनकर
तुम कितना अडिग रह पाओगी
कि कम-से-कम तुम्हें जाति तो देखनी थी
तुम कहीं भी कुछ कर लेतीं हमें मंजूर होता
लेकिन वह, वह तो कतई स्वीकार नहीं
हम किसी को उसके बारे में किस मुँह से बताएँगे

सिर्फ अपना बनाए रहने के लिए
तुमने कितनी कस्में नहीं दी उसे
कितने प्रण नहीं लिए उससे
उसकी जीभ पर कितने खारे आँसू नहीं बरसाए अपने
मुझे नहीं लगता सदियों से सन्ताप झेलते

उसके दायरे में शामिल होने की सोचकर ही
अपने कलेजे को काँपने से बचा पाओगी तुम

क्या होता है इससे जो उसके लिए तुम अपना
सब कुछ लुटाने और वह तुम्हारे लिए
गर्दन कटाने तैयार हो,
गर्दन कट सकती है, पहचान नहीं

तुम जब भी उसके साथ जीवन गुजारने की कहती हो
वह झुका लेता है अपना सिर, साथ-साथ चलने की
सुनते ही ठिठक जाते हैं उसके कदम,
इसलिए नहीं कि वह कमजोर है बहुत, बल्कि इसलिए कि
तुमसे बेहद प्रेम करता वह भी नहीं चाहता
उसके प्रेम की जगह जीवन-भर
उसकी जाति का बोझ ढोती रहो तुम

देह में धँसकर रह जानेवाली जाति की इस फाँस को
भले ही दबा लो तुम आज, जरूरी तो नहीं
वह भीतर दबी रहे हमेशा, उभरे नहीं कभी
क्या पता कल यही फाँस तुम्हें बार-बार
गहरी नींद से उठाकर तुम्हारे बगल में सोते
आदमी की जाति का कराए अहसास

पुरुष

एक बार मैंने उसे अपने सामने बिठाकर
प्यार से समझाने की कोशिश की तो वह
बुरी तरह बिफर गई मुझ पर ही और चीखते हुए बोली
अभी क्या हमारी उम्र निकल गई है
जो हम किसी और का बच्चा गोद लें
मुझे ईश्वर पर पूरा भरोसा है
मैं कभी भी तुम्हारे बच्चे की माँ बन सकती हूँ
और तुम अपने खुद के बच्चे के पिता
क्या लोगों के यहाँ देरी से बच्चे पैदा नहीं होते

एक बार फिर मैं उसके साथ इस मैदान में
समझाईस का खेल खेलते हुए
उससे बुरी तरह हार गया
अपनी ही सलाइयों से अपने आपको उधेड़ता-बुनता
हमेशा के लिए पराजित एक योद्धा की तरह
एक बार फिर जा बैठा मैं अपने भीतर के कोप भवन में

किस तरह समझाऊँ मैं उसे जब मेरी शिराओं में
वह आवश्यक उपलब्धता ही नहीं
तो उसमें उसका ईश्वर क्या कर लेगा
वह आकर मेरे वीर्य में अपना वीर्य मिलाने से तो रहा
और न ही वह उसकी पूजा-पाठ से प्रसन्न होकर
उसके बिस्तर में घुसकर चुपचाप
उसकी योनि में जीव रोपण करनेवाला
यह काम तो कोई पुरुष ही करेगा,

और निश्चित तौर पर वह पुरुष मैं नहीं

मैं उसे अच्छी तरह समझाना चाहता हूँ कि
एक इस रास्ते के हमारे पास कोई रास्ता नहीं
कि हम विज्ञान के डर से भागकर
एक टीले की ओट में हाँफते ईश्वर की जगह
एक मनुष्य पर करें भरोसा
मगर वह मेरी बात सुनने को तैयार नहीं कतई
वह अपनी ही कोख से बच्चे को जन्म देना चाहती है
वह अपनी कोख से मेरा ही बच्चा जनना चाहती है
अफसोस वह इसके लिए मुझसे लगाए बैठी है आस

मैं उसे कई बार इस बारे में समझाने की करता हूँ कोशिश
लेकिन वह हर बार मुझे यह कहकर
कर देती है निरुत्तर की कोई कमी नहीं तुममें
तुम्हारे बारे में मुझसे बेहतर कौन जानता होगा
उस मामले में तुमसे ज्यादा शैतान कोई नहीं होगा

यह आदिम इच्छा उसकी मुझे अक्सर
बौखलाने पर कर देती है मजबूर
उसकी इस जिद की पूर्ति के बारे में मैं
तरह-तरह से सोचता हूँ, सोचता क्या हूँ
अपने ही भीतर छटपटाता हूँ,
क्या किसी भी तरह उसकी यह इच्छा नहीं हो सकती पूरी

क्या ऐसा नहीं हो सकता कि मेरी अनुपस्थिति में
कोई आए और उससे कर जाए जबर्दस्ती
और वह चुपचाप रह जाए सहकर
नहीं बताए किसी को, मुझे भी नहीं
और फिर जो परिणाम निकले वह मेरा कहलाए

एक बात मैं उससे हर बार पूछने की सोचता हूँ

लेकिन हर बार रह जाता हूँ सहमकर
क्यों उसका कोई प्रेमी नहीं पुराना
यदि हाँ तो क्या वह अब भी मिलती है उससे
यदि मिलती है तो कितना मिलती है
मुझे लगता है वह उससे उस तरह नहीं मिलती
जिस तरह मिलती है मुझसे, अन्यथा मेरे सिर से
यह कलंक कब का मिट गया होता
लगता है उसका कोई प्रेमी ही नहीं
काश वह होता तो आज कितने काम आता

क्या ऐसा नहीं हो सकता कि वह घर में ही
कर ले कुछ ऐसा वैसा आखिर ऐसा तो नहीं
वे सब भी मेरी तरह हों अनुत्तीर्ण
किसी एक को बना ले वह अपना साझीदार
ऐसा नहीं कि दुनिया में काम इस तरह न चलते हों
फिर यह ठीक भी होगा, घर का सुख
बहेगा घर में ही, मक्खन भी मिल जाएगा
और नहीं फूटेगी मटकी भी

सोचता हूँ और पूरी बेशर्मी से सोचता हूँ
अपने ही तल में नीचे गिरकर सोचता हूँ
कि आखिर किस संकेत से समझाऊँ
उसे मैं यह सब, आखिर इस मामले में
सब करना-धरना तो उसे ही है
सब होना-धोना तो उसके साथ ही है
कभी-कभी तो सोचता हूँ क्यों न मैं ही भेज दूँ
उसके पास किसी और को और खुद
खड़ा हो जाऊँ दरवाजे पर लेकर लाठी

एक पुरुष होने के बाद एक बच्चे को पाने के लिए
यह जानते हुए भी कि बाजी मेरे हाथ से
निकल भी सकती है बिगड़ भी सकती है बात

सब करने के लिए तैयार हूँ मैं,
आखिर यह बात यह तो बस उसके भीतर
या फिर सिर्फ मेरे भीतर
या हम दोनों के भीतर ही तो रहनी है
फिर दुनिया कुछ अन्दाज लगाती भी है तो लगाती रहे
जब हमारे ही मुँह नहीं खुलने तो
फिर दुनिया के खुले हुए मुँह की तरफ क्या देखना

और जब मैं इस तरह सोचता हूँ तो मुझे
अच्छी लगने लगती है उसकी जिद
एक बच्चे को मैं भले ही अपने बच्चे की तरह
चाहता होऊँ गोद लेना लेकिन उससे पहले
मैं भी तो यही चाहता हूँ कि मेरी पत्नी की कोख से
एक बच्चा ले जन्म जो कहलाए मेरा
जिसे मेरी पत्नी मेरा बच्चा कहे
और अपनी पत्नी के आगे मैं उसे अपना

जिसके जन्म लेने के कुछ दिन बाद बक्से में से
मैं अपनी मेडिकल रिर्पोटें निकालूँ
और चुपचाप आग में झोंक दूँ जाकर।

●●●